Digitale Fotografie – Kniffe und Know-how für Einsteiger

rororo

rororo computer
Herausgegeben von Ludwig Moos

Deutsche Erstausgabe
Veröffentlicht im Rowohlt Taschenbuch Verlag
GmbH, Reinbek bei Hamburg, Dezember 2002

Deutsch von Matthias Schossig

Die englische Originalausgabe
erschien 2002 unter dem Titel «A Beginner's Guide
to Digital Photography»
bei AVA Publishing SA, Rue du Bugnon 7,
CH-1299 Crans-Près-Céligny

Production and separations in Singapore
by AVA Book Production Pte. Ltd., Singapore

Design-Koordination und Buchlayout
Kate Stephens
Umschlaggestaltung Walter Werner
(Foto: Barry Beckham)
Die deutsche Ausgabe wurde
von Angelika Weinert eingerichtet.
Satz Eurostile PostScript,
QuarkXPress, 4.0
Printed in China
ISBN 3 499 61227 5

Die Schreibweise entspricht den Regeln
der neuen Rechtschreibung.

Kniffe und Know-how für Einsteiger

Digitale Fotografie

Adrian Davies

Rowohlt Taschenbuch Verlag

Inhalt

06 Einleitung
08 Der digitale Zyklus

Bilder machen

12 Die digitale Kamera
18 Fotografieren im Nahbereich
20 Der Scanner
22 Das digitale Bild

Bilder verarbeiten

28 Die Software
30 Werkzeuge, Paletten, Menüs
34 Erste Schritte
36 Helligkeit und Kontrast
38 Bildschärfe
40 Tiefenschärfe
42 Wetterzauber

Retuschieren

46 Erste Schritte – Staub und Kratzer
48 Schöne Augen machen
50 Alte Fotos restaurieren

Farbig oder monochrom?

54 Sepia-Tönung
56 Partielles Einfärben
58 Fotos kolorieren
60 Der Umgang mit Farben
64 Effekte mit Farben

Montagen

68 Die Idee der Montage
72 Montagetechniken

Effekte

78 Digitale Filter
80 Traditionelle und digitale Techniken
82 Kreative Landschaften
84 Masken
88 Retusche für Spezialeffekte
90 Malerische Effekte
92 Solarisieren
94 Atmosphäre erzeugen
96 Panoramabilder

Bilder ausgeben

100 Fotos drucken
104 Text hinzufügen
106 Bilder im Web
110 Bilder per E-Mail

Anhang

114 Dateiformate, Kompression, Computer
120 Glossar
124 Kontakte
128 Danksagungen

Einleitung

Das Wort Fotografie kommt aus dem Griechischen und bedeutet nichts anderes als «Malen mit Licht». Das heißt, dass Licht, das von einem Gegenstand reflektiert wird oder ausgeht, mithilfe eines lichtempfindlichen Materials aufgezeichnet wird. Traditionell wird dazu Film sowie eine Mixtur verschiedener Chemikalien verwendet, wie Silbersalze und Gelatine, die auf eine flexible Plastikschicht aufgetragen werden. Film kann nur in vollständiger Dunkelheit verarbeitet werden und viele verschiedene Chemikalien werden benötigt, um am Ende ein Bild zu erzeugen.

Heute wird dieses Verfahren, das seit praktisch 150 Jahren unverändert ist, zunehmend durch einen digitalen Prozess ersetzt, in dem Bilder durch lichtempfindliche Silikonchips aufgezeichnet und mit dem Computer verarbeitet werden. 2001 wurden erstmals mehr digitale Kameras als herkömmliche Kameras verkauft.

Dies ändert jedoch nichts daran, dass die Grundprinzipien der Fotografie, das Komponieren mit Licht sowie die Fähigkeit, mithilfe des Bildes eine Geschichte zu erzählen, heute ebenso wichtig sind wie damals.

Dieses Bild eines Löwen im Zoo hat Bryan Powell im Winter an einem sonnigen Spätnachmittag aufgenommen, an dem das Licht noch immer durch die Bäume fiel. Es war nur eine geringfügige Bildbearbeitung notwendig, der Hintergrund wurde an ein oder zwei Stellen nachgedunkelt, um eine passende Kulisse zu erzeugen und den Kontrast zu erhöhen, damit der Löwe noch dramatischer erscheint.

Der digitale Zyklus

Ein Bild kann innerhalb weniger Minuten fotografiert, im Computer gespeichert und ans andere Ende der Welt geschickt werden, ohne große Kosten zu verursachen.

Um den digitalen Bildherstellungsprozess zu verstehen, braucht es nichts weiter als ein Grundverständnis von drei wesentlichen Abläufen: Aufnehmen, Bearbeiten, Ausgeben.

Es ist gleichgültig, ob Sie Ihr Foto digital oder konventionell fotografieren – in jedem Fall können Sie es leicht im Computer speichern, entweder durch Scannen oder durch direktes Herunterladen. Die Technik der digitalen Bildverarbeitung ist nur ein paar Mausklicks entfernt. Verbessern, Retuschieren oder Manipulieren des Bildes geschieht in wenigen leichten Schritten.

Über das bloße Ausdrucken des fertigen Fotos hinaus können Sie mit Leichtigkeit Ihre Bilder speichern oder per E-Mail an Freunde, Familie oder Kunden versenden.

Aufnehmen

Digitale Bilder können entweder mithilfe einer digitalen Kamera oder durch das Digitalisieren herkömmlicher Negative, Dias oder Papierbilder angefertigt werden.

Die grundlegenden Techniken zur Herstellung eines guten Bildes sind die gleichen, gleichgültig, ob Sie ein Foto digital oder auf Film erstellen: Bildinhalt, Komposition und das Gefühl für Licht und Schatten sind die wichtigsten Elemente für ein gelungenes Bild. Möglicherweise ist der Bearbeitungsaufwand für viele ihrer Bilder minimal, beispielsweise geringfügige Anpassungen von Helligkeit und Kontrast, während andere umfangreiche Retuschen oder Manipulationen notwendig machen.

Bearbeiten

Sobald das Bild digitalisiert ist, kann es im Computer gespeichert werden, wo es mithilfe von Bildverarbeitungssoftware auf verschiedenste Weise bearbeitet werden kann: Diese Software erlaubt Ihnen Veränderungen in Helligkeit, Kontrast oder Farbe, Retusche oder inhaltliche Manipulationen wie beispielsweise das Austauschen verschiedener Bildelemente.

Ausgeben

Die fertigen Bilder können digital gespeichert werden, etwa auf einer CD, um Ihnen jederzeit einen leichten Zugriff zu ermöglichen. Schließlich werden Sie Ihre Bilder auch ausgeben wollen, gedruckt auf Papier, aber auch auf einer Web-Site oder in einer Multimediaproduktion.

Aufnehmen

Analog:
Foto
Dia

Digital:
Scanner
Digitale Kamera
Digitales Video

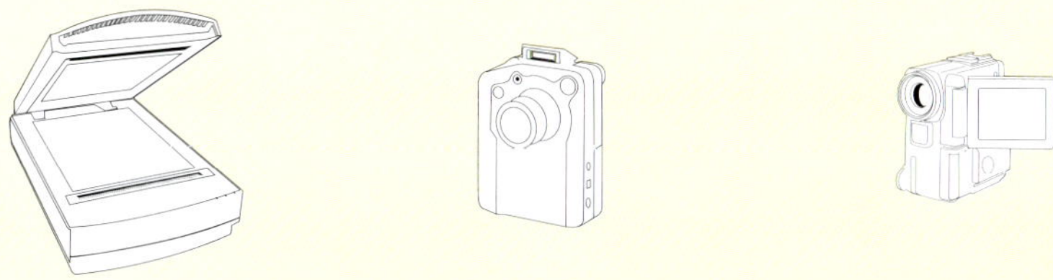

Bearbeiten — Daten im Computer speichern

Computer

Manipulieren
Retuschieren

Ausgeben — Daten bereitstellen

Speichern
Archivieren
Senden
Drucken
Film
Internet
E-Mail

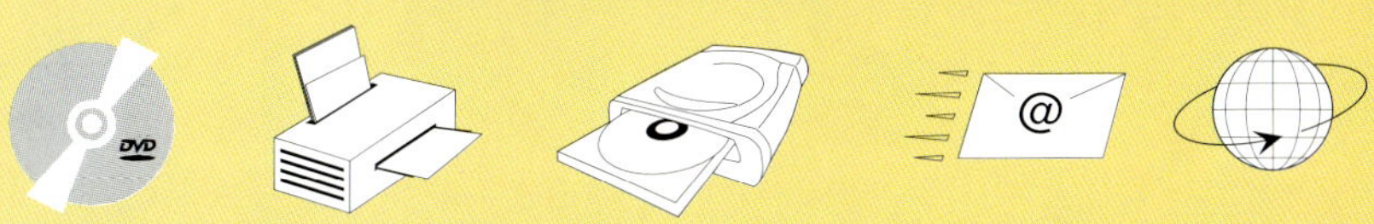

Bilder machen

1

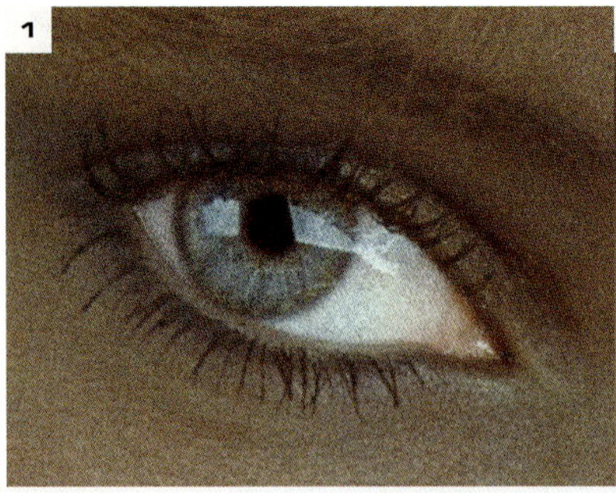

2

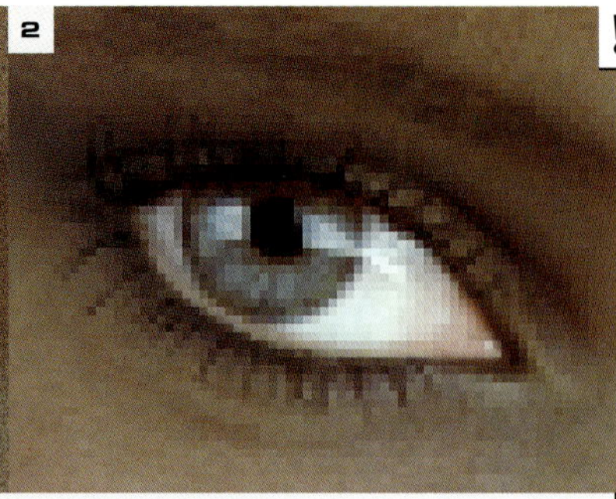

! Korn oder Pixel?
Die Oberfläche von Film besteht aus vielen Millionen mikroskopisch kleiner unregelmäßig geformter Silberkörnchen, aus denen sich das fotografische Bild zusammensetzt. Das digitale Bild besteht aus quadratischen Pixeln. Je mehr Pixel ein Bild ausmachen, desto höher ist die Auflösung und desto besser die Qualität.

Die digitale Kamera

Eine digitale Kamera ist im Grunde das Gleiche wie ein herkömmlicher Fotoapparat: Sie verfügt über ein Objektiv, eine Blende und einen Verschluss, hat jedoch keinen Film. Statt des Films gibt es einen lichtempfindlichen Siliziumchip, den CCD (Charge Coupled Device). Dieser Chip besteht aus einem Mosaik quadratischer Bildelemente oder Pixel, von denen jedes einzelne lichtempfindlich ist und wie ein kleines Messgerät funktioniert: Je mehr Licht auf ein Pixel fällt, desto größer ist die dadurch verursachte elektrische Spannung. Farben werden erzeugt, indem jedes Pixel mit einem transparenten Rot-, Grün- oder Blaufilter überzogen wird. Die Software der Kamera führt die Farben aus einer Gruppe von vier Pixeln zusammen und erzeugt dadurch die Illusion eines vollfarbigen Bildes.

Auflösung

Im Allgemeinen gilt: Je mehr Pixel eine Kamera hat, desto besser ist die Qualität der Fotos, obwohl es viele Anwendungen, wie beispielsweise das Web, gibt, bei denen eine hohe Bildqualität nicht immer erforderlich ist. Kameras mit 3 Millionen Pixeln oder mehr sind durchaus gebräuchlich und können für Drucke bis DIN A3 hervorragende Ergebnisse erzielen.

Die Art und Weise, in der ein Bild gespeichert wird, beeinflusst die Qualität. Viele Kameras bieten verschiedene Qualitätseinstellungen – fein, besser, optimal. Für die besten Ergebnisse sollten Sie immer die höchste Qualität wählen.

Kameratypen

Sie haben die Wahl zwischen vielen verschiedenen digitalen Kameras in den verschiedensten Preislagen. Bei Spiegelreflexkameras können Sie das Objektiv wechseln, und Sie sehen das Bildmotiv durch das gleiche Objektiv, durch das das Bild dargestellt wird.

Spiegelreflexkameras sind jedoch kostspielig, sodass die meisten Digitalkameras gegenwärtig Kompaktkameras sind. Bei diesen Modellen ist der Sucher von dem Objektiv, durch das das Bild dargestellt wird, getrennt, und das Foto sieht etwas anders aus als das Sucherbild – ebenso wie etwa das linke Auge ein anderes Bild sieht als das rechte. Dieses Problem nennt man Parallaxe, und es tritt besonders bei Nahaufnahmen auf, wenn das Motiv oben oder unten abgeschnitten erscheint.

LCD-Sucher

Der LCD (Liquid Crystal Display)-Bildschirm an der Rückseite der meisten Digitalkameras ist sehr nützlich und einer der wesentlichen Vorteile einer Digitalkamera gegenüber einer herkömmlichen Kamera. Der Nachteil besteht darin, dass das Bild bei hellem Tageslicht schwer zu erkennen sein kann. Einige Hersteller liefern spezielle Sonnenblenden, die Sie auf den LCD-Sucher stecken können. Sie können sich auch aus schwarzer Pappe leicht selbst eine Sonnenblende herstellen.

3 Analoges Motiv

4 Digitales Motiv

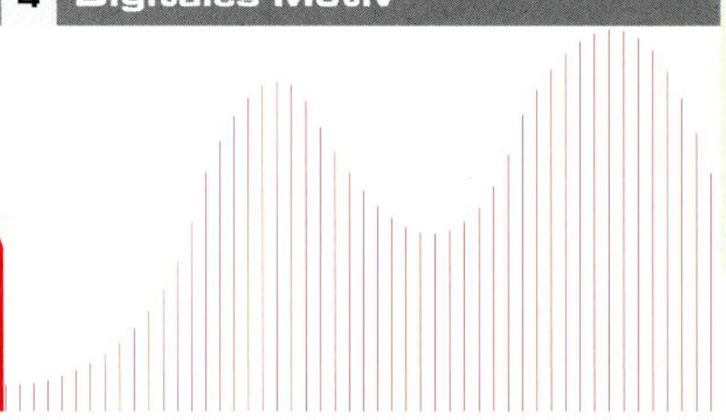

1/ Extrem vergrößerte Ansicht der Körnung von Film bei einer traditionellen Fotografie.

2/ Bei einem digitalen Bild wird die Körnung durch quadratische Pixel ersetzt, von denen jedes einzelne eine spezifische Helligkeit und Farbe hat.

3/ Analoge Signale sind kontinuierlich und können nicht im Computer gespeichert werden.

4/ Digitale Signale bestehen aus getrennten Einzelsignalen. Analoge Signale werden in einem Sampling-Prozess von dem CCD-Sensor in digitale Signale umgewandelt.

5/ Digitale Kameras sind im Grunde das Gleiche wie Filmkameras: ein Objektiv und eine Blende, die das Licht auf eine lichtempfindliche Oberfläche bündeln, in diesem Fall ein CCD-Sensor.

6/ Der CCD-Sensor enthält lichtempfindliche Pixel, von denen jedes einzelne mit einem transparenten Farbfilter, Rot, Grün oder Blau, überzogen ist.

6 CCD-Sensor

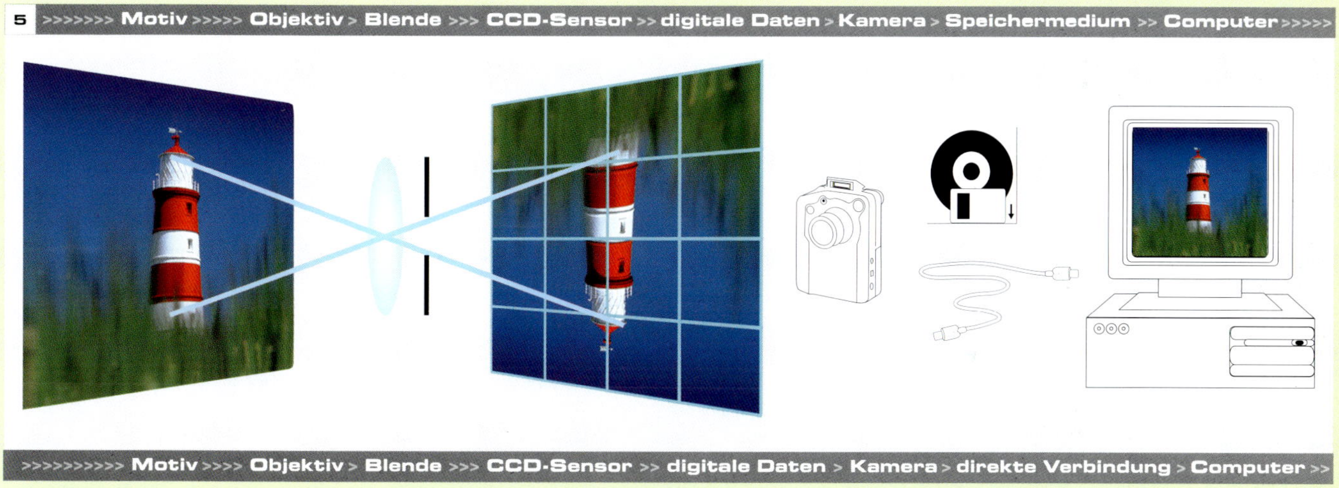

7/ Eine Weitwinkelansicht von Wolkenkratzern und Fahnenmasten von Phil Preston. Objektive mit verschiedenen Brennweiten können alltägliche Motive aus sehr unterschiedlichen Perspektiven zeigen.

8/ Dasselbe Bild, durch Bildverarbeitung und Blautönung noch extremer dargestellt.

Objektive

Kameras mit Wechselobjektiven machen es möglich, schnell vom Weitwinkel zum Tele zu wechseln. Doch auch für viele Kompaktkameras sind Vorsatzlinsen erhältlich, mit denen Weitwinkel- oder Tele-Effekte erzielt werden können.

Die Brennweite eines Objektivs bestimmt den Bildwinkel. Wegen der geringen Ausmaße des CCD-Sensors sind Objektive für Digitalkameras viel kürzer als für die entsprechenden Kleinbildkameras. Ein Zoom-Objektiv von 8 bis 24 mm entspricht etwa 38 bis 115 mm im Kleinbildformat. Viele digitale Kompaktkameras haben eine feste Brennweite von etwa 38 mm. Dies entspricht in etwa dem Blickwinkel des menschlichen Auges. Weitwinkelobjektive haben eine kürzere Brennweite, etwa 15 bis 20 mm, Teleobjektive dagegen eine längere. Die meisten Digitalkameras haben Zoomobjektive mit einem Brennweitenbereich von etwa 35 bis 100 mm.

Verschiedene Firmen stellen spezielle Vorsatzlinsen her, die in das Objektiv geschraubt werden können, um den Tele- oder Weitwinkelbereich zu vergrößern. Auch wenn die meisten Digitalkameras mit Zoomobjektiven ausgestattet sind, kann es Gelegenheiten geben, bei denen Sie eine noch längere Brennweite oder einen noch weiteren Bildwinkel benötigen.

Einstellungen

Um eine bessere Kontrolle über die Bildgestaltung zu haben, ist es wichtig, dass Belichtungszeit und Blende manuell eingestellt werden können. Sie sollten daher eine Kamera wählen, die es Ihnen ermöglicht, die Automatik abzuschalten. Einige Kameras gestatten die Vorwahl von Belichtungszeit oder Blende, wodurch Sie entweder der Tiefenschärfe oder der Bewegung des Motivs den Vorrang geben können.

Andere eingebaute Kameraeffekte ermöglichen Voreinstellungen für bestimmte Lichtsituationen – Tageslicht, Wolfram- oder Neonlicht zum Beispiel –, was eine größere Farbtreue ermöglicht. Andere eingebaute Effekte, die von Kamera zu Kamera verschieden sind, beinhalten etwa die Möglichkeit, monochrome Bilder oder Sepiatöne zu erzeugen, obwohl es häufig besser ist, diese Effekte mithilfe der Bildverarbeitungssoftware zu erzielen.

Blitz

Blitzlicht ist vielseitig einsetzbar, von der Ausleuchtung des gesamten Motivs bis zur Erzeugung von Glanzlichtern auf einem ansonsten langweiligen Bild. Die meisten digitalen Kompaktkameras haben einen eingebauten Blitz, doch Vorsicht: Weil der Blitz nahe am Objektiv ist, kann er bisweilen zu harten Schlagschatten hinter dem Motiv oder zu Effekten wie «roten Augen» führen. Wenn möglich, sollten Sie einen Blitz einsetzen, der unabhängig von der Kamera ist und den Sie sorgfältig positionieren können.

Stative

Stative gelten häufig als schwer, umständlich und schwierig zu transportieren. Doch ein Stativ hat zwei Funktionen: Erstens stabilisiert es die Kamera, und Sie brauchen sich nur noch Gedanken um die Bewegung des Motivs zu machen. Zweitens verlangt es, dass Sie sich Zeit lassen. Es zwingt Sie förmlich dazu, sorgfältig Licht und Komposition zu berücksichtigen und sich den Bildausschnitt genau anzuschauen, um ablenkende Elemente wie unerwünschte Zweige oder Laternenpfähle zu vermeiden. Ein besonders nützliches Zubehör beim Gebrauch eines Stativs ist eine kleine Wasserwaage, die man auf die Kamera setzen kann, um sicherzustellen, dass der Horizont bei einer Landschaftsaufnahme auch wirklich waagerecht ist (siehe Abbildung 9).

9

10

Filter

Fotografen mit herkömmlichen Kameras haben immer eine große Auswahl optischer Filter zur Verfügung, einschließlich Farbfiltern, Verzerrungsfiltern und Polarisationsfiltern. Da digitale Kameras im Allgemeinen einen viel kleineren Objektivdurchmesser haben, müssen Sie wahrscheinlich kleinere Filter besorgen, doch Sie können auch große Filter verwenden, indem Sie sie vor das Objektiv halten (10).

Speichermedien

Die meisten digitalen Kameras haben die Möglichkeit, Bilder auf austauschbaren Speichermedien abzuspeichern.

Die gebräuchlichsten Speichermedien sind:

CompactFlash

SmartMedia

Sony Memory Stick

IBM MicroDrive

Die Kapazität reicht von 8 MB bis zu einem Gigabyte beim MicroDrive.

Download

Sie können auf verschiedene Weise Bilder von einer Digitalkamera in den Computer laden. Die leichteste und preiswerteste Methode ist die Benutzung eines besonderen Kartenlesegerätes, das Sie an die USB-Schnittstelle (oder eine andere Schnittstelle) Ihres PCs anschließen können. Diese Schnittstellen sind meist für eine Vielzahl von Karten wie SmartMedia oder CompactFlash geeignet. Die meisten Kameras verfügen über eine besondere Software, mit der Sie die Bilder wie auf einem Kontaktbogen anschauen können (11).

! **Polarisationsfilter**
Besonders bei Landschaftsaufnahmen gehört der Polarisationsfilter, mit dem man Reflexionen auf Wasser oder Glas reduzieren und die Farbsättigung erhöhen kann, zum nützlichsten Zubehör. Um diesen Filter möglichst effektiv einzusetzen, muss er in der Fassung so lange gedreht werden, bis der gewünschte Effekt erzielt wird. Bei einer Spiegelreflexkamera kann man den Effekt sehen, doch bei einer Kompaktkamera, bei der das Sucherobjektiv vom Bildobjektiv getrennt ist, ist dies schwieriger. Versuchen Sie, den Filter vor den Sucher zu halten, drehen Sie ihn und befestigen Sie ihn vorsichtig am Objektiv, ohne die Orientierung zu verändern, bevor Sie das Foto machen.

9/ Eine Wasserwaage auf der digitalen Kamera sorgt für einen waagerechten Horizont.

10/ Filter können vor das Objektiv gehalten werden – in diesem Fall ein Polarisationsfilter. Die Orientierung des Filters wurde ermittelt, indem er erst vor den Sucher gehalten wurde.

11/ Ein Kontaktbogen mit Bildern aus einer Kodak-Digitalkamera. Von einigen Bildern wurden Probeaufnahmen mit verschiedenen Belichtungszeiten angefertigt, um sicherzustellen, dass wenigstens eines richtig belichtet ist. Sie können die Methode auch einsetzen, um bewegliche Motive, wie etwa Vögel, still zu erwischen.

11 Anfertigen eines Kontaktbogens

! Wenn Sie Bilder neu berechnen, verwenden Sie immer die bikubische Option, um die beste Bildqualität zu erreichen. Nehmen Sie nicht zu viele neue Berechnungen vor, sonst könnte die Bildqualität darunter leiden. Denken Sie auch daran, dass die Dateigröße, wenn Sie die Ausmaße eines Bildes verdoppeln, sich vervierfacht (weil sowohl die Höhe als auch die Breite des Bildes verdoppelt wird).

Fotografieren im Nahbereich

Mit den meisten digitalen Kompaktkameras können Sie kleinere Gegenstände im Makromodus fotografieren. Dies ist besonders nützlich bei unbelebten Objekten wie Münzen oder Blumen. Probieren Sie aus, wie nahe Sie an das Motiv herangehen können, ohne dass die Bildschärfe darunter leidet. Um noch näher zu kommen, können Sie Vorsatzlinsen verwenden, die vor das Objektiv gesetzt werden. Spiegelreflexkameras sind hier im Vorteil, weil man mit ihnen einen genaueren Bildausschnitt wählen kann, ohne auf Parallaxen (siehe Seite 12) achten zu müssen.

Aufnehmen

Dieses Foto fertigte ich im Rahmen einer Serie für eine Ausstellung namens *Digitale Blumen* an. Das Ziel war, zu zeigen, wie gut digitale Kameras heute für Bilder wie dieses geeignet sind. Die Pflanze (eine südafrikanische Protea) wuchs im Gewächshaus eines Botanischen Gartens und wurde aus einem Abstand von etwa einem Meter fotografiert.

Das erste Foto war eine Enttäuschung (1). Daraufhin versuchte ich es mit der Tele-Einstellung und veränderte die Kameraposition, sodass ich die Blume bildfüllend aufnehmen konnte. Dabei war es unerlässlich, ein Stativ zu benutzen. Die Helligkeit war so gering, dass ich eine lange Belichtungszeit (eine Viertelsekunde) brauchte. Ich entschied mich, keinen Blitz zu verwenden, da ich keine harten Schatten im Bild wollte. Das zweite Bild gefiel mir weitaus besser.

Bearbeiten

Das Bild brauchte relativ wenig Nachbearbeitung, was zeigt, dass es sich lohnt, etwas Mühe und Zeit gleich beim Fotografieren zu investieren(2). Ich regulierte den Tonwertumfang mithilfe der Tonwertkorrektur von Photoshop. Danach stellte ich das Foto frei und beschnitt es zu einem quadratischen Format, das besser zu der Blume passte als das Rechteck.

Ausgeben

Angefertigt werden sollte ein Druck im Format A3, etwa 30 cm hoch. Aus Erfahrung wusste ich, dass dies eine Dateigröße von etwa 24 bis 25 MB beanspruchen würde, wenn ich mit einer Auflösung von 200 ppi auf meinem Tintenstrahldrucker drucken würde.

Da das Bild von der Kamera lediglich 7,4 MB groß war, musste ich die Bildgröße verändern. Ich tat dies, indem ich das Bild mithilfe der Funktion «Bildgröße» neu berechnete (3). Ich klickte die Box «Bild neu berechnen» an und trug die neue Bildgröße in das Dialogfeld ein. Die Dateigröße betrug nunmehr 24,5 MB statt 7,4 MB.

Bevor ich das Foto, um alle feinen Details darzustellen, auf Hochglanzfotopapier ausdruckte, behandelte ich es noch mit der Unschärfemaske.

1

2

3
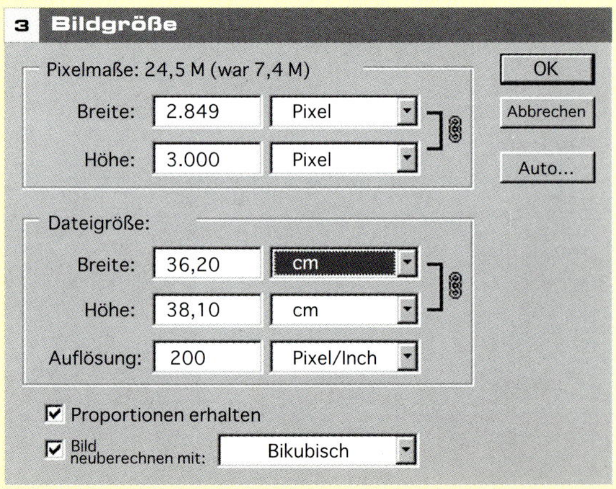

1/ Das erste Foto der Blume war enttäuschend.

2/ Die Aufnahme aus der Nähe ergab ein weit dramatischeres Bild.

3/ Die Neuberechnung oder Veränderung der Bildgröße in Photoshop mithilfe des Dialogfeldes «Bildgröße» (beachte die Vergrößerung der Datei von 7,4 MB auf 24,5 MB).

1 Flachbettscanner

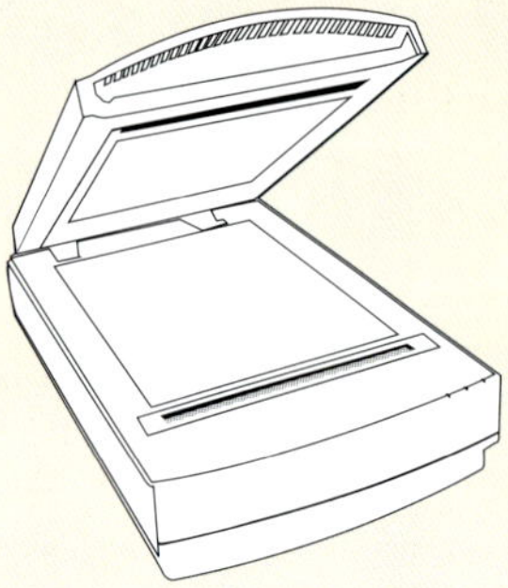

Ein CCD-Sensor und eine Lampe an einer beweglichen Schiene bewegen sich mit 1200 Schritten per Inch (2,54 cm) an dem Bild entlang.

Pro Inch des Bildes werden 600 Punkte abgetastet.

2 3-D-Objekte

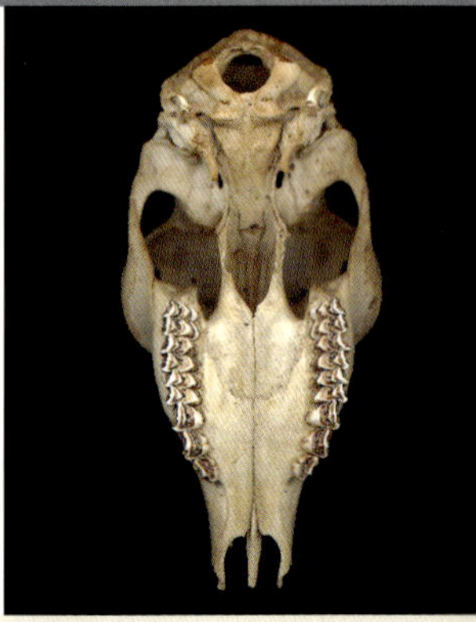

Der Scanner

Es gibt zwei verschiedene Arten von Scanner: den Flachbettscanner für reflektierende, gedruckte Vorlagen und den Filmscanner für Negative und Dias. Viele Flachbettscanner haben spezielle Durchlichteinheiten, um beide Arten von Vorlagen scannen zu können.

Flachbettscanner haben eine lineare CCD-Einheit, die aus drei Reihen von Pixeln besteht, eine für jede der drei Grundfarben: Rot, Grün und Blau. Daran befestigt ist eine Röhrenlampe, die die Oberfläche der Vorlage beleuchtet. Die CCD und das Licht bewegen sich über die Oberfläche der Vorlage, das Licht wird reflektiert, von den Pixeln gemessen und schließlich in digitale Daten für den Computer umgewandelt (1).

Erste Schritte

Die meisten Scanner werden durch ein TWAIN-Interface betrieben (3).

Der Scanablauf beginnt mit einem Pre-Scan oder einer Vorschau, die ein Bild der gesamten Vorlage in niedriger Auflösung produziert. Aus dieser Vorlage können Sie einen Ausschnitt freistellen, um nur den gewünschten Teil der Vorlage zu scannen. Achten Sie darauf, die richtige Vorlagenart auszuwählen: Schwarzweißdruck, Farbdruck, Strichzeichnung oder Dia, falls Sie über eine passende Durchlichteinheit verfügen.

Als Nächstes wird die Auflösung eingestellt. Sie hängt davon ab, wie Sie das Bild verwenden wollen: für einen A4- oder A3-Druck oder beispielsweise für eine Web-Site. Viele Scanner-Programme gestatten es, diese Voreinstellungen automatisch vorzunehmen, je nachdem, welchen Drucker Sie verwenden werden. Wenn Sie einen Scanner erwerben, sollten Sie darauf achten, dass er mindestens 600 ppi optische Auflösung hat.

Filmscanner

Falls Sie vorhaben, Kleinbildnegative oder Dias zu scannen, sollten Sie einen speziellen Filmscanner in Erwägung ziehen. Damit können Sie einzelne Negative oder Dias, aber auch Negativstreifen scannen. Ein Filmscanner sollte mindestens über eine Auflösung von 2.000 ppi verfügen, um Bilder im Format A3 erstellen zu können. Die Funktionen eines Filmscanners sind denen eines Flachbettscanners sehr ähnlich (4).

3-D-Objekte

Es ist möglich, mithilfe eines Flachbettscanners Bilder dreidimensionaler Objekte zu scannen. Je nach der Tiefe des Gegenstandes können dabei sehr interessante Ergebnisse erzielt werden (2). Versuchen Sie es auch mit halbtransparenten Objekten, wie etwa Blumen.

! Wenn Sie ein monochromes Bild haben, sollten Sie es nicht farbig scannen, die Datei ist sonst dreimal so groß wie nötig.

! Scannen Sie nicht mehr als nötig. Gescannte Bilder brauchen sehr viel Speicherplatz und Arbeitsspeicher.

! Behandeln Sie die Glasoberfläche des Scanners mit großer Sorgfalt. Staub oder Kratzer sind sehr sichtbar und müssen anschließend digital beseitigt werden.

3 Flachbettscanner Interface

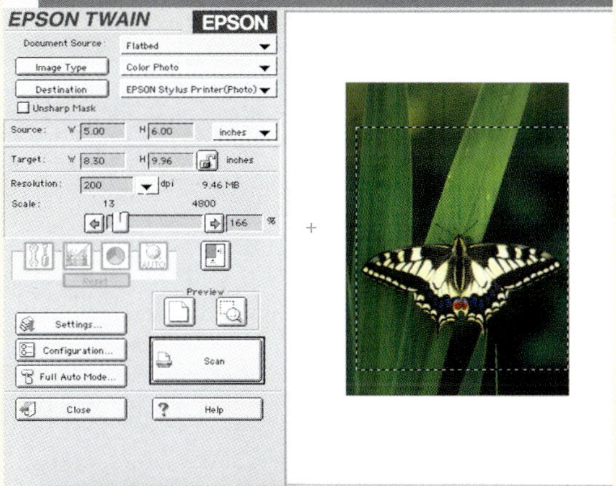

4 Filmscanner Interface

1/ Beispiel für einen typischen Flachbettscanner.

2/ 3-D-Objekte, mit einem Flachbettscanner gescannt:

Stechpalmenblatt – ich habe den grauen Hintergrund, der beim Scannen entsteht, gegen einen weißen ausgetauscht. Die Abdeckung des Scanners blieb während des Scanvorganges geöffnet, um das Blatt nicht zu beschädigen.

Der Schädel eines Rehs.

Herbstblatt.

Das Skelett eines Blattes – der Scannerdeckel wurde geschlossen, um das Blatt flach zu pressen.

Ein alter Belichtungsmesser – das Scannen ist eine exzellente Möglichkeit, Gegenstände wie diesen zu archivieren.

Versteinerter Ammonit.

3/ TWAIN-Interface für Flachbettscanner. Das Dialogfeld zeigt, dass das Scannen einer gedruckten Vorlage von 6 x 5 Inches (rund 15 x 13 cm) für einen Druck von 8 x 10 Inches (rund 20 x 25 cm) auf einem Tintenstrahldrucker mit Fotoauflösung eine Scannerauflösung von 200 dpi erfordert, was eine Dateigröße von 9,46 MB ergibt. Dabei wird nur der freigestellte Bereich gescannt, und die Unschärfemaske ist nicht aktiviert. Gewöhnlich ist es am besten, Bilder, nachdem sie gescannt wurden, mit der Bildverarbeitungssoftware zu schärfen.

4/ Interface für einen typischen 35mm-Filmscanner. Hier wird die Diavorlage mit einer Auflösung von 2.700 ppi gescannt, was eine Dateigröße von etwas über 25 MB ergibt, mehr als genug für einen A3-Ausdruck in hoher Qualität.

! Scannerauflösung

Die Auflösung, mit der Sie ein Original scannen, hängt in erster Linie davon ab, was Sie später mit dem Bild anstellen wollen – ob Sie es drucken, in einer Web-Site verarbeiten oder als Dateianhang per E-Mail versenden wollen.

Zur Schaffung einer Druckvorlage hat die Scannersoftware gewöhnlich ein Eingabefeld, in dem Sie die Größe des Originals, die Größe des ausgegebenen Bildes sowie die Druckauflösung eingeben können. Die Scanner-Software errechnet automatisch die Dateigröße. Die meiste Scannersoftware gestattet es, Helligkeit, Kontrast und Schärfe von Bildern einzustellen. Dennoch sollten Sie all diese Bearbeitungen erst dann vornehmen, wenn Sie das Bild in Ihre Bildverarbeitungssoftware importiert haben. Dadurch haben Sie weitaus bessere Kontrollmöglichkeiten.

! Die folgenden Bilder zeigen einige der zahlreichen Möglichkeiten und Vorteile, die die digitale Fotografie gegenüber der konventionellen Fotografie hat.

Das digitale Bild

Seit der Erfindung der Fotografie befassen sich Fotografen damit, ihre Bilder zu verbessern, zu verändern oder sogar zu manipulieren. Dies geschieht entweder in der Kamera, durch Doppelbelichtung des Films, oder in der Dunkelkammer, indem zwei oder mehr Negative gleichzeitig auf dasselbe Papier gedruckt werden. Bestimmte Bildbereiche können aufgehellt oder verdunkelt werden durch die Technik des «Abwedelns». Die gleichen Effekte können mit der digitalen Bildverarbeitung erzielt werden, und dies in einem Ausmaß, von dem Fotografen früher nur träumen konnten.

Komposition

Ebenso wie in der Dunkelkammer können Bilder digital beschnitten und freigestellt werden, um die Komposition zu betonen. Elemente wie ein Vogel, ein Baum oder sogar der Mond können hinzugefügt werden, um die Bildkomposition auszugleichen oder eine dynamischere Wirkung zu erzielen.

Beleuchtung

Alles in der Fotografie dreht sich um das Licht, und der Erfolg eines Bildes hängt im Wesentlichen davon ab, wie gut es dem Fotografen gelingt, die Qualität des Lichtes einzufangen. Das Licht ist jedoch nicht immer perfekt, es sei denn, man hat die volle Kontrolle darüber im Studio. Die digitale Bildverarbeitung macht es möglich, den Kontrast des Lichtes zu modifizieren sowie Spezialeffekte wie Blendenflecke anzuwenden.

Farbe

Auch Farbe kann verbessert oder modifiziert werden. Schwache, verwaschene Farben können satter gemacht werden. Satte Farben können abgeschwächt werden. Darüber hinaus können einzelne Farben oder Bereiche von Farben verändert werden, wodurch Sie beispielsweise frische grüne Blätter in Herbstblätter verwandeln können, wenn Sie dies wünschen.

2

1/ Lake Tekapo – Das ursprüngliche Bild wurde unter sehr trüben Wetterbedingungen fotografiert.

2/ Das fertige Bild vom Lake Tekapo, mit einer hinzugefügten Sonne, um die Komposition auszubalancieren.

1

Dieses Bild vom Lake Tekapo in Neuseeland von Jon Bower stammt aus den frühen Achtzigerjahren. «Wie alle meine Bilder entstand es ursprünglich auf feinkörnigem (niedrig empfindlichem) Kleinbild-Diafilm. Das Bild wurde während eines furchtbaren Dauerregens aufgenommen. Der Regen war so heftig, dass Himmel und Erde scheinbar miteinander verschmolzen. Nur diese kleine von Bäumen bestandene Landzunge hob sich aus dem grauen Einerlei ab. Starke Formen sind für mich als Fotograf immer attraktiv, also machte ich mehr oder weniger widerwillig einige Fotos, ohne meine Kamera allzu sehr zu durchnässen, und schleppte mich dann weiter.

Kürzlich nahm ich mir dieses Foto noch einmal vor und begann, sämtliche Flecken und Unregelmäßigkeiten mithilfe des Kopierstempel-Werkzeuges zu beseitigen, wobei ich das Bild bis auf Pixelebene vergrößerte. Bei kommerziellen Fotos kann man sich keine Flecken und Schwachstellen leisten, und 20 Jahre alte Dias, ganz gleich wie gut sie gelagert wurden, brauchen fast immer etwas Nachbearbeitung, wenn auch nur, um Staubkörnchen zu beseitigen.»

3/ Das ursprüngliche Bild von Sanddünen mit einem sehr faden Himmel.

4/ Die Sanddünen später am Tag, mit untergehender Sonne.

5/ Das fertige Bild mit Dünen und Sonne kombiniert.

6/ Das ursprüngliche Bild der Bäume.

7/ Das ursprüngliche Bild wurde verzerrt, um die Form der Bäume zu verlängern. Die Farbsättigung wurde erhöht und ein Filter angewendet, um dem endgültigen Bild ein glühendes Licht zu verleihen.

Diese Sanddüne wurde ebenfalls von Jon Bower fotografiert. Auch bei diesem Bild hat er dieselben Techniken von Montage und Farbveränderung angewendet wie bei dem Bild vom Lake Tekapo auf der vorhergehenden Seite. Diesmal war das Licht härter.

«Das Licht in den Dünen gefiel mir sehr, doch der Himmel hatte etwas sehr Ödes und Langweiliges. Später am Tag machte ich ein weiteres Foto von den Dünen mit der untergehenden Sonne und stellte die Belichtung so ein, dass der Himmel richtig belichtet war und nicht die Dünen. Später montierte ich die ursprünglichen Dünen mit dem neuen Himmel zusammen, und das Ergebnis war viel zufriedenstellender.»

6

7

Fotografen waren schon immer in der Lage, die Komposition ihrer Bilder zu verändern, indem sie ihre Negative in der Dunkelkammer beschnitten. Digitale Bilder können nicht nur beschnitten, sondern auch verzerrt werden. Dieses Bild, *Trees* von Phil Preston, wurde verzerrt, um die Bäume länger erscheinen zu lassen. Dies scheint die Aufmerksamkeit stärker auf die Bäume zu ziehen. Phil hat dieses Bild überarbeitet, indem er die Farbsättigung verstärkt und einen Filter eingesetzt hat, um dem Bild ein Glühen zu verleihen, wodurch es eine transzendentale Stimmung erhält.

Bilder verarbeiten

LN97

Die Software

Zahlreiche Softwareprogramme sind auf dem Markt, mit denen Sie digitale Bilder überarbeiten, retuschieren und manipulieren können. Manche kosten mehrere hundert Euro, andere sind im Internet frei erhältlich.

Die Oberflächen der verschiedenen Programme und ihre Menüs mögen unterschiedlich aussehen, doch alle haben bestimmte Eigenschaften gemeinsam.

Alle Bildverarbeitungsprogramme verfügen über die Möglichkeit, Helligkeit, Kontrast und Farbbalance eines Bildes zu verändern. Dies geschieht entweder mit einem einfachen Schieberegler oder, in etwas komplexerer Form, mit einer Kurvendarstellung, die auf dem Bildschirm verschoben werden kann. Retuschierwerkzeuge umfassen Buntstifte, Pinsel und Airbrushes, die mit einer breiten Palette von Farbtönen und Farben geladen und in Größe und Art variiert werden können. Ein besonders nützliches Werkzeug, auf das Sie achten sollten, ist der Kopierstempel, mit dem man einen Bereich eines Bildes genau kopieren und an anderer Stelle klonen kann. Dieses Werkzeug ist sehr nützlich zum Retuschieren größerer Beschädigungen.

Die meisten Bildverarbeitungsprogramme gestatten es, Farben aus einem Bild zu entfernen und anschließend einen Farbton wie etwa Sepia oder einen anderen Ton hinzuzufügen. Ebenso können Schwarzweißbilder koloriert werden, indem Farbe mit einem Pinsel aufgetragen wird. Dichte, Deckkraft und Charakter der Farbe können in der Regel so angepasst werden, dass sämtliche Details des Originals wiedergegeben werden.

Spezialeffekte und Filter zur Bildverbesserung findet man in den meisten Programmen, bei einigen sind es über hundert. Sie reichen von Unschärfe- und Schärfefiltern über künstlerische

Effekte, wie Buntstift, Zeichenkohle oder Wasserfarben, bis zu Verzerrungen und Lichteffekten. Es kann viel Spaß machen, mit diesen Effekten zu experimentieren, jedoch sollte man dabei nicht übertreiben.

Besondere Beachtung verdient die Möglichkeit, Bildebenen anzulegen. Verschiedene Bilder können übereinander gelegt und zum endgültigen Bild kombiniert werden. Jede einzelne Bildebene kann dabei verändert werden, wodurch man totale Kontrolle über den kreativen Prozess hat.

Eine Vielzahl von Zusatzprogrammen oder Programmen für spezielle Zwecke erweitern die Palette der Möglichkeiten. Dazu zählen Programme, mit denen man komplexe Masken erstellen (zum Beispiel Corel Knock-out) oder extreme Manipulationen vornehmen kann (zum Beispiel Goo). Besonders populär ist KPT (Kai's Power Tools), das ein breites Spektrum zusätzlicher Filter und Werkzeuge zur Oberflächenerzeugung zur Verfügung stellt.

1 Adobe Photoshop

1/ Photoshop ist der Industriestandard in der Bildverarbeitungssoftware. Das Programm verfügt über ein sehr breites Spektrum von Bildverbesserungs- und Effektwerkzeugen sowie über Möglichkeiten, Bilder zur Reproduktion in Büchern und Magazinen oder dem Web vorzubereiten. Der nebenstehende Bildschirm zeigt die Werkzeugpalette mit dem Filter «Unscharf maskieren» und dem Aktionsprotokoll, in dem sämtliche Aktionen verzeichnet sind, die mit dem Bild im Verlauf der Arbeitssitzung vorgenommen wurden.

2 Adobe Photoshop Elements

2/ Elements ist eine etwas vereinfachte, preiswertere Version von Photoshop, die alle Arbeitsmittel enthält, die von Anfängern und fortgeschrittenen Praktikern der Bildverarbeitung benötigt werden. Beachten Sie die etwas veränderte Palette von Werkzeugen sowie die Ebenenpalette mit zwei Einstellungsmöglichkeiten für Ebenen und Farben.

3 MGI PhotoSuite

3/ MGI PhotoSuite hat ein anderes Bildschirmlayout. Sie sehen die Einstellmöglichkeiten für Helligkeit und Kontrast.

4 PaintShop Pro

4/ PaintShop Pro ist ein sehr umfassendes Programm mit einer sehr breiten Benutzerbasis. Beachten Sie das große Spektrum von Werkzeugen und Symbolen zum Durchführen verschiedener Bearbeitungsschritte.

2 Kopierstempel (Kopieren)

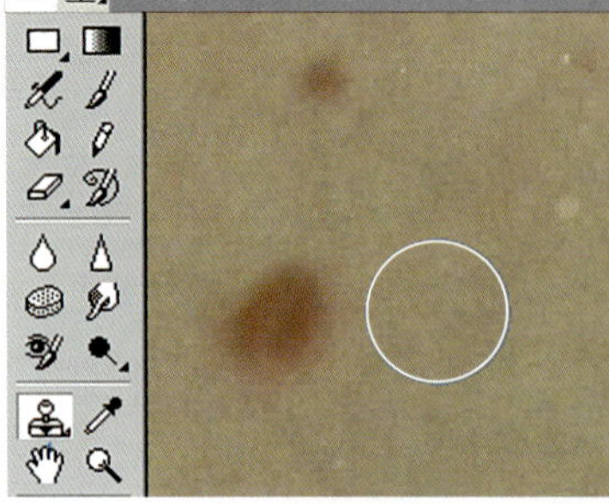

3 Kopierstempel (Einfügen)

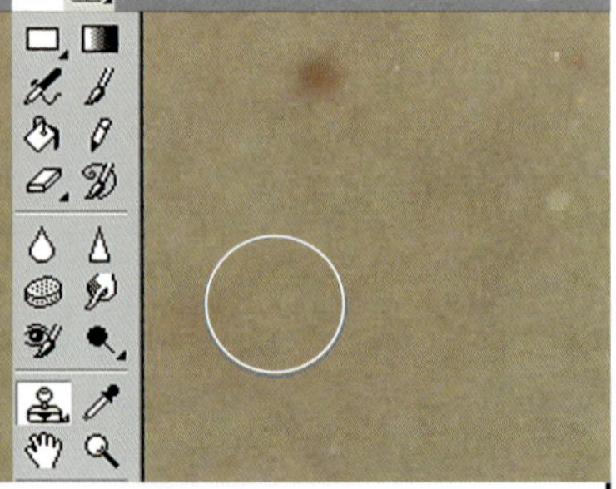

! Kopierstempel-Werkzeug
Klicken Sie auf das Werkzeug und wählen Sie eine passende Größe (wie beim Pinsel). Wählen Sie den Bereich, der kopiert werden soll, indem Sie die Alt-Taste gedrückt halten und mit der linken Maustaste klicken. Bewegen Sie das Werkzeug in den Bereich, in den Sie die geklonten Pixel hineinkopieren wollen, und klicken Sie mit der Maus. Verwenden Sie das Werkzeug wie einen Tupfpinsel oder malen Sie größere Bereiche damit an wie mit einem Malerpinsel.

Werkzeuge, Paletten, Menüs

Die Programme verfügen über verschiedene Angebote an Werkzeugen mit häufig unterschiedlichen Namen. Einige der gebräuchlichsten werden hier beschrieben und illustriert.

Eine ganze Reihe von Mal- und Zeichenwerkzeugen – Buntstifte, Pinsel oder Airbrushes – stehen zur Wahl. Alle diese Werkzeuge sind mit einer ausgewählten Farbe oder einem Farbton geladen. In den meisten Fällen können die Eigenschaften der Werkzeuge in Größe, Form und Härtegrad variiert werden.

1

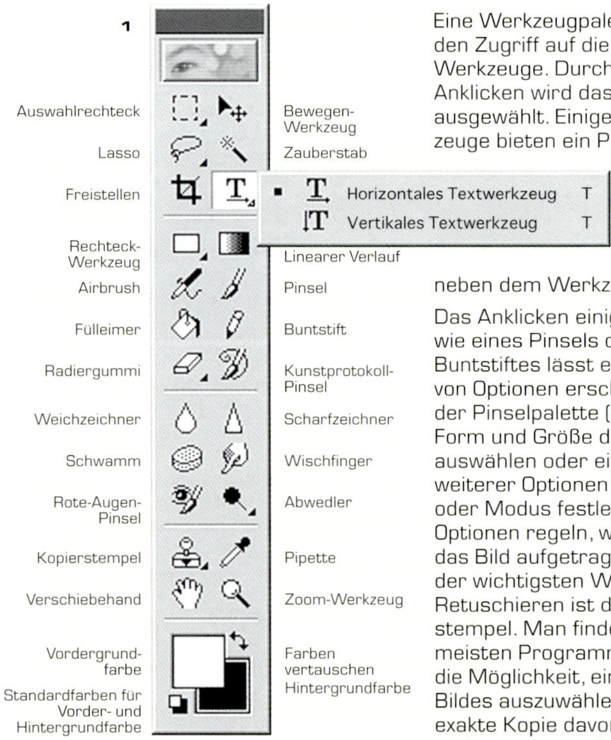

! Das Anklicken eines Pinsels oder Buntstiftes kann eine ganze Reihe von Optionen aufzeigen, wie bei der Pinselpalette.

Werkzeuge

Eine Werkzeugpalette (1) bietet den Zugriff auf die verschiedenen Werkzeuge. Durch einmaliges Anklicken wird das Werkzeug ausgewählt. Einige der Werkzeuge bieten ein Palettenmenü mit verschiedenen Optionen – achten Sie auf den kleinen Pfeil neben dem Werkzeugsymbol.

Das Anklicken einiger Werkzeuge wie eines Pinsels oder eines Buntstiftes lässt eine ganze Reihe von Optionen erscheinen, wie bei der Pinselpalette (4). Sie können Form und Größe des Bildes auswählen oder eine ganze Reihe weiterer Optionen wie Deckkraft oder Modus festlegen. Diese Optionen regeln, wie die Farbe auf das Bild aufgetragen wird. Eines der wichtigsten Werkzeuge zum Retuschieren ist der Kopierstempel. Man findet ihn in den meisten Programmen. Er bietet die Möglichkeit, einen Bereich des Bildes auszuwählen und eine exakte Kopie davon irgendwo anders zu reproduzieren. In dem gezeigten Beispiel wurde der Kopierstempel dazu verwendet, eine kleine Fehlstelle in der Haut eines Porträts zu beseitigen (2/3).

Radiergummi oder Löschwerkzeug – Beseitigt Bildbereiche und legt den weißen Hintergrund oder ein dahinter liegendes Bild frei.

Kopierstempel – Das Kopierstempel-Werkzeug ist eines der mächtigsten Arbeitsmittel. Es kopiert oder klont einen Bereich des Bildes und platziert ihn an einer anderen Stelle. Dieses Werkzeug ist nützlich zum Retuschieren, aber auch zum Hinzufügen von Hintergrund oder Himmel.

Auswahl – Mit diesem Werkzeug wählt man einen Bereich aus, der so zum aktiven Teil des Bildes wird. Die aktivierte Auswahl wird von allen Änderungen, die man vornimmt, betroffen. Die Auswahl ist gewöhnlich rechtwinklig, kreisförmig oder elliptisch. Mithilfe des Lassos lassen sich frei gezeichnete Auswahlen mit der Maus erstellen.

Freistellen – Das Freistellungswerkzeug funktioniert wie eine Schere zur Beseitigung unerwünschter Teile des Bildes.

Text – Das Textwerkzeug wird eingesetzt, um ein Bild mit Text zu versehen. In einigen Programmen, wie in Photoshop oder Elements, ist dieses Werkzeug sehr vielfältig. Text kann gedreht, gewellt oder koloriert werden.

Zoom – Das Zoom-Werkzeug wird eingesetzt, um ein Bild zu vergrößern oder zu verkleinern. Es ermöglicht eine feine Retusche oder die Untersuchung winziger Details.

1/ Werkzeugpalette aus Adobe Photoshop Elements.

2/ Kopierstempel zeigt den Bereich, der mithilfe des Alt/Mausklick-Befehls geklont oder kopiert werden soll.

3/ Kopierstempel zeigt den Bereich, nachdem er retuschiert wurde.

4/ Die Pinselpalette aus Photoshop Elements.

5/ Der Farbwähler in Photoshop Elements.

6/ Der Farbwähler mit der Option «Websichere Farben» aktiviert.

! Schauen Sie in Ihrem Handbuch nach Tastatur-Kurzbefehlen. Sie können sich dadurch Stunden an Arbeit ersparen. Nehmen Sie sich vor, jedes Mal, wenn Sie mit dem Programm arbeiten, einen neuen Kurzbefehl zu erlernen. Sehr bald werden Sie merken, dass die Kurzbefehle automatisch von der Hand gehen.

4 Pinselpalette

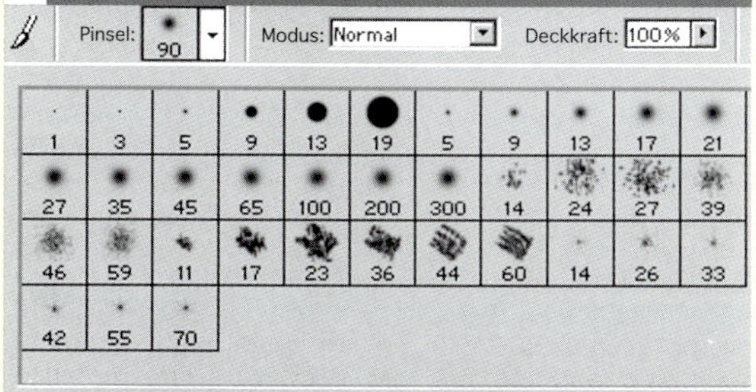

5 Farbwähler

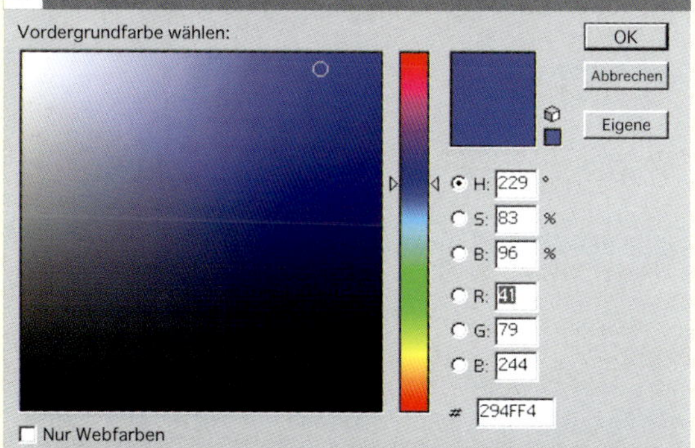

6 Websichere Farben

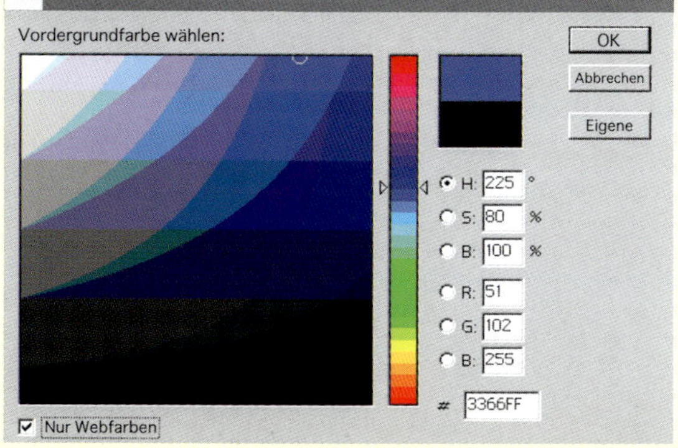

Pinsel

Alle Bildverarbeitungsprogramme haben eine Palette von Mal- und Zeichenwerkzeugen – Buntstifte, Pinsel und Airbrushes. Gewöhnlich können die Eigenschaften der Werkzeuge in Größe, Form und Härte angepasst und anschließend mit einer Farbe oder einem Farbton geladen werden.

Bei den meisten Programmen wählt man durch Einmalklicken das Werkzeug aus und öffnet ein Menü mit den Optionen, wie etwa bei der Pinselpalette. Mithilfe der Pinselpalette können Sie den Typ, die Größe und die Härte Ihres Pinsels oder Buntstiftes auswählen (4). Achten Sie auf die Vielfalt von Formen und Größen wie auch auf die anderen Optionen wie «Deckkraft». Bei Programmen wie Elements oder PaintShop Pro bezieht sich der Modus auf die Art und Weise, wie die Farbe auf das Bild aufgetragen wird. Im normalen Modus beispielsweise wird die Farbe wie mit einem echten Pinsel aufgetragen, während der Farben-Modus die Farbe proportional zu den darunter liegenden Pixeln aufträgt. Wenn man also beispielsweise eine grüne Farbe aufträgt, werden hellgraue Pixel hellgrün und dunkelgraue Pixel dunkelgrün. Dies ist sehr praktisch beim Handkolorieren eines Bildes, um alle Details zu behalten und nur die Farbe eines bestimmten Bereiches zu verändern.

Farben

Jedes Mal wenn Sie einen Pinsel, einen Airbrush, einen Buntstift oder das Füllwerkzeug auswählen, wird dieses Werkzeug automatisch mit der Farbe am Ende der Palette gefüllt. Dies lässt sich auf zweierlei Weise ändern. Erstens können Sie mithilfe der Pipette eine Farbe aus dem Bild entnehmen. Klicken Sie an einer beliebigen Stelle in das Bild, und die Farbe von dieser Stelle erscheint im Farbfeld für die Vordergrundfarbe.

Eine andere Möglichkeit besteht im Anklicken der Vorder- oder Hintergrundfarbe in der Werkzeugpalette (1), um den Farbwähler (5) anzuzeigen. Hier können Sie durch Ziehen des Farbreglers oder Eingeben von Zahlen Farben auswählen.

Wenn Sie den kleinen weißen Kreis in dem Farbfeld bewegen, verändert sich die Helligkeit und Sättigung der Farbe. Achten Sie auf die Option «Websichere Farben» am unteren Ende des Dialogfelds. Beim Gestalten von Web-Seiten müssen Sie auf eine verminderte Farbpalette zugreifen, um sicherzustellen, dass die Farben auf verschiedenen Computersystemen gleich aussehen. Das Anklicken der Option «Websichere Farben» verringert die Anzahl der Farben, die Sie auswählen können, erheblich (6).

! Alle Bildverarbeitungsprogramme ermöglichen es, Helligkeit, Kontrast, Farbbalance und Farbsättigung des Bildes anzupassen. Diese Veränderungen erfolgen mithilfe einfacher Regler oder komplexerer grafischer Darstellungen.

1 Helligkeit und Kontrast

Menüs und Dialogfelder

Es gibt mehrere Möglichkeiten, wie Sie mit Ihrer Software arbeiten können. Neben der Werkzeugleiste gibt es praktische Paletten mit Pinseln, Farben und Ebenen, die Sie öffnen und an den Rand Ihres Bildschirms verschieben können. Mithilfe von Palettenmenüs können Sie aus den verschiedenen Bearbeitungsmöglichkeiten wählen. Die Auswahl eines Menüpunktes führt zumeist zu einem Dialogfeld. Dort können Sie entweder Zahlen eintippen, auf Pfeile klicken und sie in verschiedene Richtungen verschieben oder die Punkte einer grafischen Darstellung bewegen. Häufig gibt es mehrere Möglichkeiten, wie Sie arbeiten können – wählen Sie die für Sie bequemste, intuitivste oder genaueste aus.

2 Ohne weiche Auswahlkante

3 Weiche Auswahlkante

4 Weiche Auswahlkante

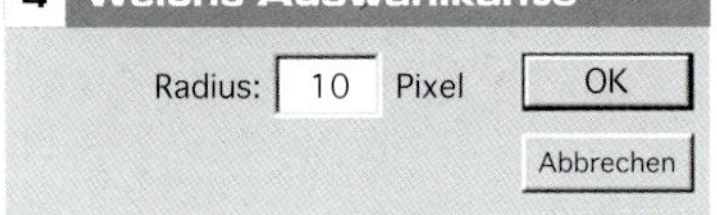

Mithilfe von Palettenmenüs können Sie eine Reihe von Bearbeitungsmöglichkeiten für ein Bild auswählen. Oben sehen Sie das Dialogfeld für Helligkeit und Kontrast aus Photoshop Elements (1). Ziehen Sie einen der Pfeile in die eine oder andere Richtung. Oder tippen Sie eine Zahl in eines der Felder. In diesem Fall wollte ich den dunkleren Bereich des Vogels in der linken unteren Bildecke etwas aufhellen. Ich wählte das Lasso-Werkzeug aus der Werkzeugpalette und zeichnete eine Freihand-Auswahl um den zu bearbeitenden Bereich herum. Dann bewegte ich den Helligkeitsregler nach rechts, bis das Bild einen ausgeglicheneren Eindruck machte.

Um sicherzustellen, dass die bearbeiteten Bereiche nahtlos in den Rest des Bildes übergehen, gab ich der Auswahl eine weiche Kante. Dadurch sind die Übergänge, wie man in dem Bild sehen kann, fließend. Die Breite der weichen Kante kann verändert werden – 3 bis 5 Pixel reichen gewöhnlich aus.

Probieren Sie aus, wie es am besten aussieht. Mithilfe dieser Methode können Sie auch verschiedene Bilder miteinander kombinieren. Dies geht viel leichter, wenn die Kanten weich sind (2/3/4).

Die meisten Programme bieten die Möglichkeit, sämtliche Farben eines Bildes zu beseitigen und sie mit einer Tönung, wie etwa Sepia, zu ersetzen, um einen nostalgischen Effekt zu erzielen, wie man ihn in Luzette Donohues *Old Car* auf Seite 54 sehen kann.

1/ Links sehen Sie das ursprüngliche Bild eines Vogels. Das bearbeitete Bild rechts zeigt die ausgewählten Bereiche mit erhöhter Helligkeit.

2/ Der Fisch ohne weiche Auswahlkante.

3/ Der Fisch mit weicher Auswahlkante.

4/ Dialogfeld «Weiche Auswahlkante». Eingetragen ist ein Radius von 10 Pixeln, innerhalb dessen der Bereich rund um den Fisch weich dargestellt wird.

5 Filter Unscharf maskieren

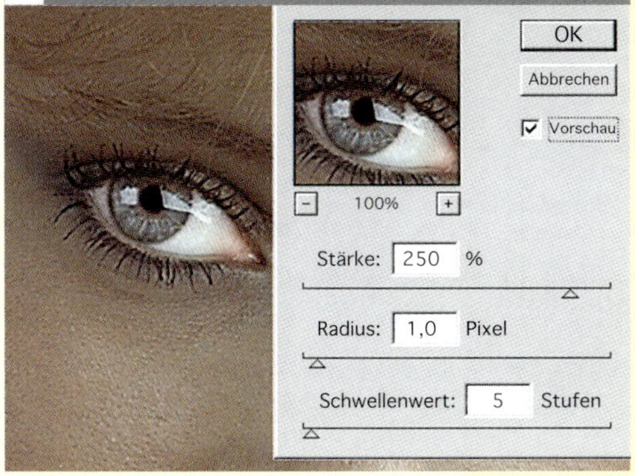

5/ Dialogfeld «Unscharf maskieren».

6/ Filter-Vorschaufenster – Filter sind Bestandteil aller Bildverarbeitungsprogramme. Das Vorschaufenster zeigt den Effekt der Filter. Siehe auch Filtereffekte auf Seite 79.

7/8/ Das Werkzeug Ebenen ist sehr wirksam. Sie sehen unten ein Bild vor (7) und nach (8) einer Retusche-Übung mit mehreren Ebenen. Die untere Ebene ist das Originalbild, die obere ist eine Kopie, in der der weiße Baum hinter dem Reh herausretuschiert wurde. Die beiden oberen Ebenen beinhalten Veränderungen in Helligkeit und Farbsättigung. Sie können Ebenen ausblenden, indem Sie auf das Augensymbol auf der linken Seite klicken.

Filter

Eine andere Art von Dialogfeld findet sich bei den verschiedenen Filtern. Oben sehen Sie den Filter «Unscharf maskieren» (5), bei dem ebenfalls die Anpassung mit Reglern vorgenommen wird. Ein Vorschauknopf kann angeklickt werden, um das Bild vor und nach der Anwendung des Filters zu sehen.

Alle Bildverarbeitungsprogramme verfügen über ein ganzes Spektrum von Filtern, und häufig kommt man nicht umhin, die Wirkung des Filters an dem zu bearbeitenden Bild auszuprobieren. Einige Programme, wie Adobe Photoshop, verfügen über eine Vorschau, die den Effekt des Filters anzeigt (6).

6 Filter-Vorschau

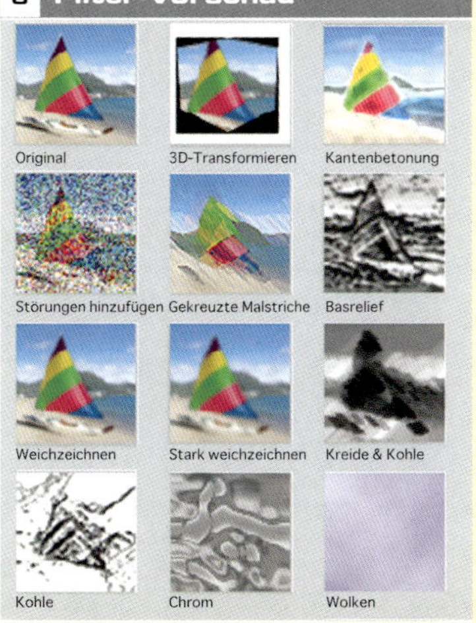

Ebenen und Kanäle

Ebenen sind wie Glasscheiben, auf denen andere Bilder oder retuschierte Bereiche oder auch nur Informationen bezüglich der Veränderung eines Wertes, wie beispielsweise der Farbdichte, zu finden sind. Sie können Masken enthalten, die verhindern, dass ausgewählte Bereiche des darunter liegenden Bildes von weiteren Veränderungen betroffen werden. Ebenen sind ein sehr wirksames Werkzeug, das in keiner Software fehlen sollte (7/8).

Alle farbigen Bilder sind aus Kanälen zusammengesetzt – gewöhnlich Rot, Grün und Blau –, die gemeinsam das komplette Farbspektrum ergeben. Jeder einzelne Ausgabekanal kann verändert werden, wie in Daniel Lais Beispiel *Gondolas* auf Seite 90, bei dem er den einzelnen Kanälen verschiedene Effekte hinzugefügt hat, um einen besonderen Gesamteindruck zu erzielen.

7 Originalebene

8 Retuschierte Ebene

Mithilfe der digitalen Bildverarbeitung können Sie Bilder überarbeiten, manipulieren oder neu erstellen. Es empfiehlt sich, zu Anfang erst einmal einige vorsichtige Veränderungen am Bild vorzunehmen. Das folgende Beispiel zeigt, wie man eine Reihe einfacher Techniken einsetzen kann, um ein relativ schwaches Bild zu verbessern. Alle hier vorgestellten Techniken werden später ausführlich erklärt.

1

Aufnehmen

Dieses Bild (1) von Don Cochran ist ein typischer Urlaubsschnappschuss, schnell fotografiert, um den Augenblick festzuhalten. Leider ist die Beleuchtung mangelhaft – kontrastarm und matt –, was zu verwaschenen Farben und einem blassen Himmel führt. Außerdem ist der Horizont schief, was sehr irritierend ist. Das Bild wurde auf Farbnegativfilm fotografiert und in einem Filmscanner bei einer Auflösung von 1.000 ppi gescannt, wodurch sich eine Dateigröße von 4,5 MB ergab.

Erste Schritte

Bearbeiten

Der erste Schritt bestand darin, den Horizont gerade zu rücken. Adobe Photoshop und andere Programme verfügen über eine Vorrichtung, den Winkel von Linien zu messen. Ich zog das Messwerkzeug entlang der Horizontlinie und verwendete den Befehl «Arbeitsfläche drehen» per Eingabe, um den Horizont zurechtzurücken (2). Das Rotieren des Bildes lässt einige weiße Flächen an den Rändern entstehen. Also verwendete ich das Freistellungswerkzeug, um diese Flächen zu beseitigen und die gesamte Komposition zu verbessern.

Der nächste Schritt bestand in der Verbesserung von Helligkeit und Kontrast. Viele Programme verfügen dafür über eine automatische Voreinstellung, die für Anfänger gut geeignet ist (3). In diesem Fall funktionierte dies gut, doch häufig ist diese Methode nicht geeignet, und Sie müssen den Ablauf manuell vornehmen. Der Himmel war sehr blass, also wählte ich ihn mithilfe des Lasso-Werkzeuges aus (4) und passte den Bereich separat mithilfe der Helligkeits- und Kontrast-Kontrolle an. Vor dem Ausdruck wendete ich noch den Befehl «Unscharf maskieren» an, um die Schärfe zu verbessern (siehe Seite 39).

2 **Arbeitsfläche drehen**

3 **Auto Kontrast**

4 **Lasso-Werkzeug / Helligkeit und Kontrast**

1/ Das ursprüngliche Bild war eher flach, schlecht beleuchtet und hatte einen schiefen Horizont.

2/ Ich zog das Messwerkzeug entlang der Horizontlinie und verwendete den Befehl «Bildfläche drehen», um das gesamte Bild so viel zu drehen, wie das Werkzeug gemessen hatte.

3/ Die Anwendung des Befehls «Auto Kontrast» verbesserte die Tonwertbalance und die Farben des Bildes.

4/ Der Himmel wurde mit dem Lasso-Werkzeug ausgewählt und dann mit der Helligkeits- und Kontrastkontrolle angepasst.

5/ Das Bild wurde neu berechnet, um eine kleine Datei zu erzeugen, die als E-Mail-Anhang versendet werden konnte.

6/ Die JPEG-Datei zum Versenden war lediglich 22,65 KB groß.

Ausgeben

Ich wollte zwei Versionen des Bildes haben: eine als Ausdruck, um ihn den beiden auf dem Bild mit der Post zu schicken, eine weitere, um sie als E-Mail-Anhang zu senden. Die 4,5 MB-Datei war groß genug, um einen 13 x 18 cm großen Ausdruck auf einem Tintenstrahldrucker mit einer Auflösung von 220 ppi zu drucken.

Ich berechnete das Bild in der Größe 10 x 15 cm bei einer Auflösung von 72 ppi mit dem Dialogfeld «Bildgröße», was eine Dateigröße von 351 KB ergab (5). Anschließend speicherte ich das Bild als JPEG-Datei in mittlerer Qualität, was die Dateigröße auf 22,65 KB schrumpfen ließ (6). Dies war klein genug, um es als Dateianhang per E-Mail zu versenden.

5 **Bildgröße**

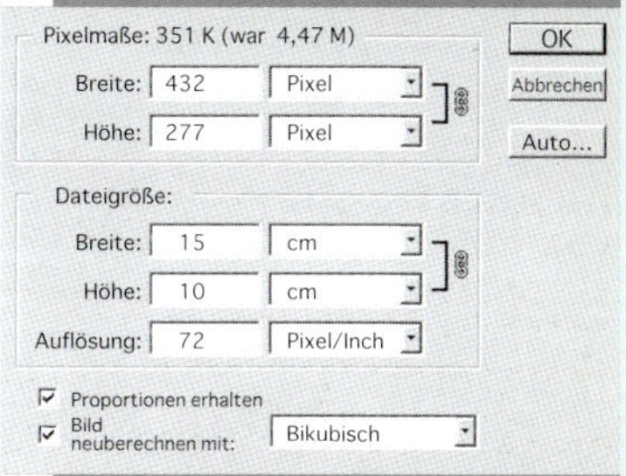

6 **JPEG**

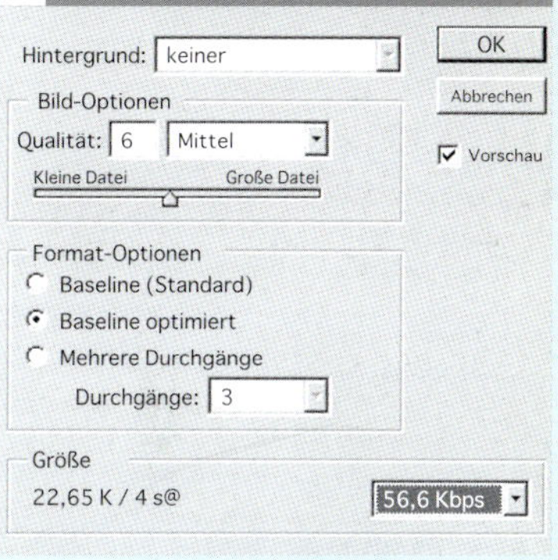

1

! **Weiche Auswahlkante** – Dieser Befehl gibt einer Auswahl eine weiche statt einer harten Kante, wie der Unterschied zwischen einem Blatt Papier, das gerissen statt geschnitten wurde. Wenn man einer Auswahl eine weiche Kante gibt, wird dieser Bereich zu den Rändern hin allmählich ausgeblendet.

! **Lasso-/Freihand-Auswahlwerkzeug** – Gestattet es Ihnen, eine Freihandauswahl um einen Bereich des Bildes herum zu zeichnen, die Sie verändern oder bearbeiten wollen. Dieser Bereich, der durch eine animierte Linie gekennzeichnet wird, wird der aktive Teil des Bildes, das heller oder dunkler gemacht oder dessen Kontrast verändert werden kann. Die Auswahl von Bereichen mithilfe des Lasso-Werkzeuges erfordert etwas Übung.

Helligkeit und Kontrast

Eine der grundlegendsten Aktionen aller Bildverarbeitungsprogramme ist die Regelung von Helligkeit und Kontrast. Dies funktioniert nicht anders als die Helligkeits- und Kontrastregelung eines Fernsehers, wobei die Helligkeit die Gesamtdichte des Bildes betrifft, während der Kontrast den Bereich der Farbtöne zwischen Schwarz und Weiß bestimmt.

Manchmal ist es notwendig, Helligkeit und Kontrast des gesamten Bildes zu verändern, und manchmal müssen nur bestimmte Bereiche bearbeitet werden, etwa um Schatten aufzuhellen oder bestimmte Bildbereiche zu betonen.

Die meisten Programme verfügen über einfache Regler, um Helligkeit und Kontrast anzupassen.

Aufnehmen

Dieses Bild eines Bussards, der sein Weibchen ruft, wurde auf niedrig empfindlichem Diafilm (50 ISO) mit einem 300-mm-Objektiv vor einer Kleinbild-Spiegelreflexkamera fotografiert.

Der Himmel war bedeckt, sodass das Bild matt und kontrastarm erscheint (1).

Ich benötigte einen Ausdruck im Format A3 für eine Ausstellung, also scannte ich das Dia mit einer Auflösung von 2.700 ppi mit einem Dia-Scanner, was eine Dateigröße von etwa 24 MB ergab.

2 **Helligkeit / Kontrast – 1**

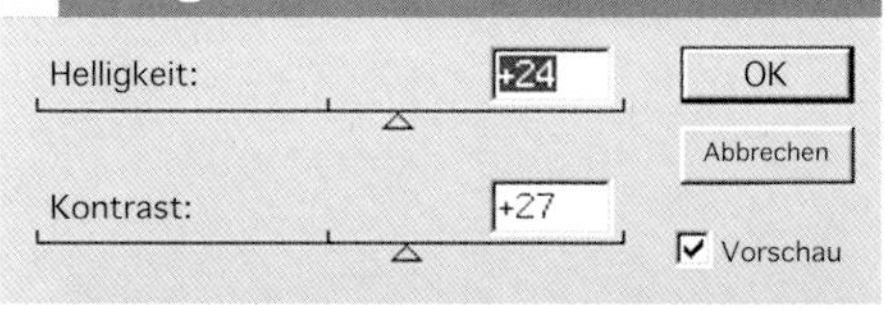

3 **Helligkeit / Kontrast – 2**

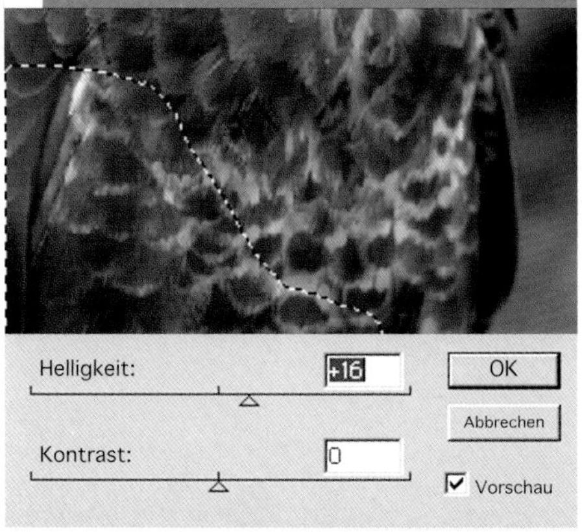

Bearbeiten

Nachdem ich das Bild in Photoshop geöffnet hatte, öffnete ich das Dialogfeld «Helligkeit/Kontrast» (Bild>Einstellen>Helligkeit/Kontrast) (2) und verschob die Regler, bis ich die Wirkung erzielt hatte, die ich beabsichtigte. Ich achtete darauf, das Bild nicht zu hell oder zu kontrastreich zu machen, um nicht die Details im Schnabel des Vogels (der hellsten Stelle des Motivs) zu verlieren.

Es gab noch zwei weitere Bereiche, mit denen ich nicht ganz zufrieden war. Der erste war die etwas zu dunkle linke Ecke unten. Ich zeichnete eine grobe Freihand-Auswahl und gab ihr weiche Kanten. Dann hellte ich den Bereich durch Helligkeits- und Kontrasteinstellung auf (3).

Der zweite Bereich war im Schnabel des Vogels, der noch immer flach und leblos wirkte. Ich wählte den Bereich sorgfältig mithilfe des Lasso-/Freihand-Werkzeuges aus (4) und hob den Farbton an durch eine Erhöhung der Farbsättigung mithilfe des Dialogfeldes «Farbton/Sättigung» (5) (Bild>Einstellen>Farbton/Sättigung). Auch hier gab ich mir Mühe, den Effekt möglichst natürlich erscheinen zu lassen.

Um das Bild fertig zu stellen, passte ich noch die allgemeine Farbbalance an (Bild>Einstellen>-Farbbalance), indem ich ein wenig Grün hinzufügte.

4

5

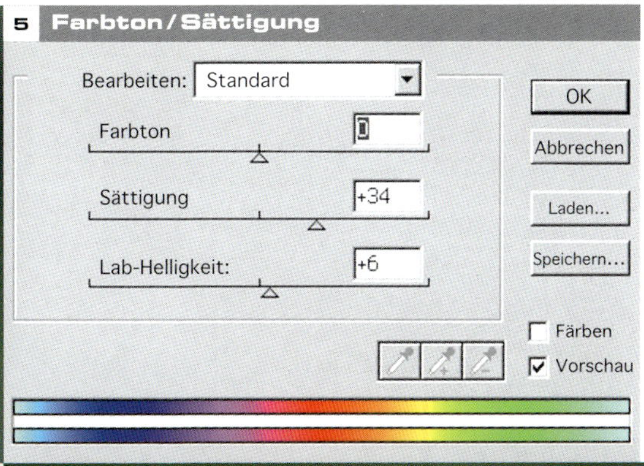

1/ Das Ausgangsbild des Vogels war flach und leblos.

2/ Helligkeits- und Kontrastregler wurden eingesetzt, um das gesamte Bild zu modifizieren.

3/ Die untere linke Ecke des Bildes wurde mit dem Lasso ausgewählt und die Helligkeit dieses Bereiches modifiziert.

4/ Der Schnabel des Vogels wurde mit dem Lasso ausgewählt.

5/ Die Farbsättigung innerhalb des Schnabel wurde erhöht.

Ausgeben

Vor dem Druck wendete ich den Befehl «Unscharf maskieren» bei 200 Prozent an. Das Bild wurde im Format A3 auf einem Tintenstrahldrucker bei einer Auflösung von 220 ppi gedruckt.

Die meisten digitalen Bilder, gleich ob sie mit einem Scanner oder einer digitalen Kamera erstellt wurden, können eine Verbesserung der Bildschärfe gebrauchen. Der Grund dafür liegt in erster Linie in dem Sampling-Prozess des CCD-Sensors, der für die Digitalisierung verwendet wird. Die meisten Bildverarbeitungsprogramme verfügen über mehrere Schärfefilter – «Scharfzeichnen», «Stark scharfzeichnen» und «Unscharf maskieren» sind die gebräuchlichsten.

Ein wichtiger Faktor bei der Veränderung der Bildschärfe ist, dass verschiedene Arten von Bildern, Scans oder Digitalkameras verschiedene Arten des Scharfzeichnens erfordern, ebenso wie dies für verschiedene Motive der Fall ist. Ein weich gezeichnetes Porträt braucht eine völlig andere Behandlung als ein Stillleben mit vielen Details. Aus diesem Grund sollten Sie für alle Ihre Arbeiten den Filter «Unscharf maskieren», falls vorhanden, verwenden. Der Vorteil dieses Filters besteht darin, dass er sehr leicht zu kontrollieren ist und sich auf sämtliche Bedürfnisse zuschneiden lässt.

! **Der Filter «Unscharf maskieren» – Dieser etwas irreführende Name stammt von einer alten Entwicklungstechnik, bei der eine unscharfe Version eines Negativs über das Original gelegt wurde, um ein schärferes Ergebnis zu erzielen.**

! **Der Filter «Unscharf maskieren» – Die Einstellungen sind für die Bildqualität sehr wichtig.**
Stärke – legt fest, wie stark die Schärfe allgemein verstärkt werden soll.
Radius – bestimmt, wie groß der Bereich um die Ränder innerhalb des Bildes sein soll, die von dem Filter betroffen werden. Ein hoher Wert macht die Ränder dicker.
Schwellenwert – bestimmt die Differenz in Helligkeitswerten, die benachbarte Pixel haben müssen, bevor sie scharfgezeichnet werden.

Bildschärfe

Aufnehmen

Diese Passionsblume fotografierte ich mit einer Drei-Megapixel-Digitalkamera mit natürlichem Licht im Gewächshaus eines Botanischen Gartens (1). Viele Digitalkameras bieten die Möglichkeit, bereits in der Kamera scharfzuzeichnen. In den meisten Fällen ist es jedoch besser, diese Option auszuschalten und die gesamte Scharfzeichnung mit dem Bildverarbeitungsprogramm vorzunehmen.

1/ Das Originalbild.

2/ Der Filter «Unscharf maskieren» in Adobe Photoshop mit den variablen Einstellungen und dem Vorschaufenster.

3/ Das Bild ist übermäßig scharfgezeichnet worden und hat dadurch an Details verloren.

Bearbeiten

Ich verwendete Photoshop, um mit der Helligkeits- und Kontrastregelung das Bild auf dem Bildschirm gut aussehen zu lassen. Das Bild wurde im Maßstab 1:1 dargestellt und das Dialogfeld «Unscharf maskieren» geöffnet (Filter>Scharfzeichnungsfilter>Unscharf maskieren) (2). Das Dialogfeld hat drei Regler: Stärke, Radius und Schwellenwert. Setzen Sie niedrige Werte für Radius und Schwellenwert ein – etwa 1 oder 2. Bei Digitalkameras liegt der Wert um 150 bis 200 Prozent höher. Produzieren sie zwei oder drei Versionen desselben Bildes mit unterschiedlichen Einstellungen und sehen Sie, welches Ihnen besser gefällt. Verlassen Sie sich nicht auf die Bildschirmdarstellung, um den Effekt zu sehen. Drucken Sie das Bild aus, um einen guten Eindruck zu bekommen.

Ausgeben

Ich wollte ein Bild in hoher Qualität zur Ausstellung in einem Botanischen Garten herstellen. Es wurde auf Hochglanzpapier in Fotoqualität in hoher Auflösung gedruckt.

! **Machen Sie das «Unscharf maskieren» zum letzten Bearbeitungsschritt vor dem Drucken, besonders wenn Sie die Bildgröße verändert haben. Wenn Ihre Bilder in gedruckter Form erscheinen sollen, nimmt möglicherweise der Drucker selbst eine Schärfebehandlung vor. Prüfen Sie also zuerst, bevor Sie loslegen. Sichern Sie in jedem Fall eine Kopie ihres Bildes vor dem Schritt «Unscharf maskieren». Achten Sie darauf, diesen Filter nicht übermäßig zu verwenden. Wenn ein Bild zu stark verschärft wurde, ist dies sehr deutlich zu sehen: Es sieht dann eher aus wie ein Relief als eine Fotografie.**

«Ich wollte den Hintergrund unscharf haben, weil er mir teilweise zu scharf war, doch wollte ich dabei nicht die natürliche Wirkung verlieren.»

! Indem Sie verschiedene Bereiche des Hintergrunds auswählen, können Sie sie unterschiedlich scharf stellen, um einen realistischen Tiefenschärfe-Effekt zu erzielen.

! Versuchen Sie Filter zu verwenden, die eingestellt werden können, wie den Gaußschen Weichzeichner oder den Filter «Unscharf maskieren». Dadurch haben Sie eine viel bessere Kontrolle über die endgültige Wirkung. Als Alternative können Sie den Standard-Weichzeichnungsfilter verwenden und ihn mehr als einmal auf bestimmte Bereiche anwenden.

Tiefenschärfe

Als Tiefenschärfe bezeichnet man den Bereich des Bildes, der vor und hinter dem genauen Fokusbereich scharf ist. Bei Kameras wird die Tiefenschärfe mithilfe der Blendenöffnung reguliert: je kleiner die Blende (das heißt, je höher ihre Zahl), desto größer die Tiefenschärfe. Geringe Tiefenschärfe kann eingesetzt werden, um ein Motiv gegen einen unscharfen Hintergrund zu kontrastieren, hohe Tiefenschärfe, um eine Gruppe von Motiven scharf zu stellen. Sorgfältig eingesetzt kann die Tiefenschärfe helfen, ablenkende Bildelemente in den unscharfen Hintergrund zu verbannen.

Viele kompakte Digitalkameras haben keine manuell einstellbare Blende, wodurch die Tiefenschärfe nicht immer dem Motiv entsprechend optimal ist.

Mithilfe der digitalen Bildverarbeitung können Sie jedoch die Bildschärfe nachbearbeiten, indem Sie selektiv bestimmte Bildbereiche schärfer oder unschärfer machen.

1

3

Aufnehmen

Dieses Bild eines Gänseblümchens wurde mit einer Drei-Megapixel-Kompaktkamera auf einer Blumenwiese im Mai fotografiert. Das Zoomobjektiv wurde auf die längste Brennweite eingestellt und die Kamera in den Makromodus umgeschaltet, um die Blume zu fokussieren (1).

Bearbeiten

Ich wollte die Blume hervorheben, also wählte ich sie mithilfe des Zauberstab-Werkzeuges in PaintShop Pro aus (2). Durch Versuch und Irrtum fand ich heraus, dass die Einstellung 10 für die Toleranz am besten funktionierte. So konnte ich ein kleines Stück der Blume auswählen. Indem ich die Umschalttaste drückte und noch einmal mit dem Zauberstab auf die Blume klickte, wurde ein größerer Bereich der Blume der Auswahl hinzugefügt, bis schließlich die ganze Blume samt Stiel ausgewählt war. Ich speicherte die Auswahl als Alpha-Kanal (3).

Als Nächstes kehrte ich die Auswahl um (Auswahl>Umkehren), sodass nun der Hintergrund die Auswahl war, und setzte einen Gaußschen Weichzeichner-Filter ein, um den Hintergrund unscharf zu stellen. Dieser Filter ist einstellbar, und ich probierte einige Einstellungen, bis ich den erwünschten Effekt erzielt hatte (4).

Um eine Auswahl für den zukünftigen Gebrauch zu speichern, verwenden Sie in PaintShop Pro «Auswahl>Als Alpha-Kanal speichern». Sie werden aufgefordert, dem Kanal einen Namen zu geben. Dieser Kanal kann dann jederzeit, wenn er gebraucht wird, in das Bild geladen werden, um die Auswahl zu reaktivieren.

Der Hauptteil des Motivs sollte vor dem Druck scharfgezeichnet wer-

2

4

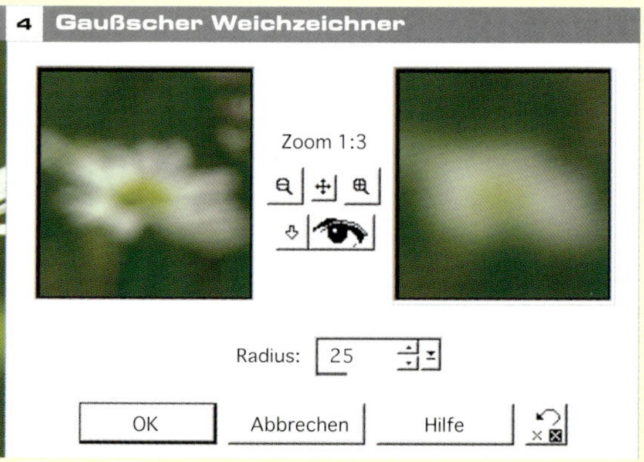

Verändern des Auswahlbereiches – Halten Sie die Umschalttaste gedrückt, um die Auswahl zu erweitern. Halten Sie die Alt-Taste gedrückt, um Teile der Auswahl zu beseitigen.

den. Der Grad der Scharfzeichnung hängt von verschiedenen Faktoren ab (Seite 38), doch auch hier gilt: Verschiedene Teile des Bildes können verschieden scharf gezeichnet werden. Wenn Ihre Software einen Filter «Unscharf zeichnen» hat, setzen Sie ihn ein, wenn nicht, können Sie den normalen Scharfzeichnungs-Filter für verschiedene Grade der Scharfzeichnung mehrfach einsetzen.

Ausgeben

Dieses Bild wollte ich zur Grundlage für eine persönliche Postkarte nehmen, die auf schwerem Spezialpapier für Tintenstrahldrucker bei einer Auflösung von 220 ppi in Fotoqualität ausgedruckt werden sollte. Ich druckte es im Format A5 auf der rechten Seite eines A4-Blattes, sodass es später zu einer Grußkarte gefaltet werden konnte. Später fügte ich noch Text hinzu, um die Karte zu vervollständigen.

1/ Das Originalbild.

2/ Das Zauberstab-Werkzeug wurde eingesetzt, um die Blume und den Stiel auszuwählen.

3/ Die Auswahl wurde als Alpha-Kanal gespeichert.

4/ Der Hintergrund wurde unscharf gestellt.

1/ Der bedeckte Himmel ließ das ursprüngliche Bild flach erscheinen.

2/ Das Zauberstab-Werkzeug in Photoshop Elements wurde verwendet, um den Himmel auszuwählen. Dabei musste auch der Blick aus dem Fenster ausgewählt werden.

3/ Die Felsen wurden ausgewählt, und der Kontrast wurde unabhängig vom Rest des Bildes angepasst.

Wetterzauber

Wie oft ist es Ihnen schon passiert, dass Sie an einen besonders fotogenen Ort reisen, nur um festzustellen, dass das Wetter Ihnen einen Strich durch die Rechnung gemacht hat: Der Himmel ist trübe, das Licht kommt aus der falschen Richtung. Die digitale Bildverarbeitung kann in diesem Falle höchst wirksam eingesetzt werden, um das Bild aufzubessern.

«Ich wollte die seltsame und verlassene Stimmung dieses Ortes einfangen, also führte ich einen düsteren Himmel ein und bewahrte die fast monochrome Wirkung des ursprünglichen Bildes. Als ich das Foto schoss, hatte ich bereits die Absicht, einen interessanteren Himmel hinzuzufügen und die Farbtöne des Bildes zu verstärken, um eine dramatischere Wirkung zu erzielen.»

Aufnehmen

Dieses Foto John Wigleys von einem Pumpenhaus in Cornwall war aufgrund der Wetterbedingungen fast monochrom. Der Himmel war uninteressant und von trübblauer Farbe (1).

1

Ausgeben

Ich wollte das Bild im Rahmen einer Ausstellung digitaler Fotografie präsentieren. Es wurde im Format A3 auf einem Tintenstrahldrucker bei einer Auflösung von 220 ppi auf schwerem strukturierten Künstlerkarton ausgedruckt.

Bearbeiten

Die erste Aufgabe bestand darin, einen dramatischen Himmel einzuführen, der an einem anderen Ort aufgenommen wurde.

Ich verwendete das Zauberstab-Werkzeug in Photoshop Elements und begann mit einer Toleranz-Einstellung von 16, um den Himmel auszuwählen (2). Diese Einstellung beinhaltet, dass alle Pixel innerhalb eines Dichte- oder Farb-Wertes von 8 auf beiden Seiten des Zauberstabes ausgewählt werden. Dies war nicht ausreichend, um den ganzen Himmel auszuwählen, also wurden durch Festhalten der Umschalttaste neue Bereiche zu der Auswahl hinzugefügt, bis der ganze Himmel ausgewählt war. Sobald die Auswahl komplett war, kopierte ich den Himmel und verwendete den Befehl «Einfügen». Dadurch wurde der Himmel nur in den ausgewählten Bereich eingefügt und nicht in den Rest des Bildes.

2 Zauberstab

Ich hielt den Himmel weiter ausgewählt, um ihn mithilfe der Helligkeits- und Kontrastregler zu verdunkeln (3).

Die Felsen im Vordergrund wurden aufgehellt, um ein größeres Gefühl für die Tiefe zu erzeugen.

Anschließend erhöhte ich die Farbsättigung des gelben Ginsters, um das Bild interessanter zu machen.

Es gibt mehrere Möglichkeiten, die verschiedenen Bereiche eines Bildes zu betonen. Elements und andere Programme haben Werkzeuge zum Nachbelichten und Abwedeln bei den Effektpinseln, mit denen man Bereiche des Bildes aufhellen oder verdunkeln kann, wenn man sie übermalt. Mit diesen Effekten kann man jedoch nicht den Kontrast einstellen, also ziehe ich es vor, Auswahlen zu treffen und sie dann mithilfe der Helligkeits- und Kontrastregler oder der Farbton- und Farbsättigungsregler zu bearbeiten. Geben Sie Ihrer Auswahl eine breite weiche Kante, sodass die bearbeiteten Bereiche sich gut in das restliche Bild einfügen.

In diesem Fall wählte ich die Felsen, die Ginsterbüsche und die Moore separat aus, um sie anzupassen.

3 Helligkeit und Kontrast

Retuschieren

! Halten Sie Ihre Dias, Negative und Drucke so staubfrei wie möglich. Blasen Sie mit einer Pressluftsprühdose Ihre Vorlage sauber, bevor Sie sie scannen. Stellen Sie sicher, dass die Glasplatte Ihres Scanners sauber ist und keine Kratzer hat. Besorgen Sie sich ein paar fusselfreie Baumwollhandschuhe.

! Einige Bildverarbeitungsprogramme haben besondere Staub- und Kratzerfilter. Verwenden Sie diese mit Vorsicht, da sie dazu neigen, das Bild weich zu zeichnen, und nicht immer zwischen Staubkörnern und Bilddetails unterscheiden können. Am besten funktionieren diese Filter in Bereichen mit homogenen Farben, wie dem Meer in diesem Bild, bei dem ein großer Staubpartikel von dem Filter fast völlig beseitigt wurde (6/7).

Erste Schritte - Staub und Kratzer

Es gibt zahlreiche Gründe, warum digitale Bilder retuschiert werden müssen. Der häufigste Grund besteht darin, dass das ursprüngliche Foto oder der Film vor dem Scannen nicht gründlich genug gereinigt wurde. Das resultierende Bild weist Staubpartikel oder sogar Kratzer auf.

1

2

3

Aufnehmen

Ich scannte ein staubiges Kleinbild-Dia mit hoher Auflösung (2.000 ppi) in einem Filmscanner (1). Zahlreiche Staubpartikel sind deutlich sichtbar, besonders im Bereich des Himmels (2).

Bearbeiten

Beim Retuschieren konventioneller Fotoabzüge muss man als Erstes einen Farbton anmischen, der dem Farbton des die Flecken umgebenden Bereiches am ehesten entspricht. Diese Farbe wird dann auf die Staubpartikel getupft. Wenn Sie einen zu großen Bereich mit derselben Farbe bemalen, ist dies sehr deutlich sichtbar (3).

Dieselbe Technik kann bei der digitalen Fotografie eingesetzt werden, wobei man jedoch darauf achten muss, die Farbe häufig neu zu berechnen, um zu vermeiden, dass Pixel mit demselben Farbwert über einen zu großen Bereich verbreitet sind.

Wie Sie in der Abbildung sehen können, besteht auch ein scheinbar gleichmäßiger Hintergrund aus Pixeln mit verschiedenen Farbtönen. Eine weitaus bessere Methode besteht darin, das Kopierstempel-Werkzeug zu benutzen, das in den meisten Programmen zu finden ist.

! Kopierstempel - Die digitale Bildverarbeitung ermöglicht das Arbeiten an den kleinsten Details. Sie können Bereiche mit störenden Staubfusseln durch saubere Bereiche ersetzen. Bewegen Sie das Kopierstempel-Werkzeug über die Stelle, die Sie kopieren wollen, und klicken Sie die Maustaste. Dann bewegen Sie die Einfügemarke über den Staubpartikel, den Sie retuschieren wollen, und malen Sie mit der Maus darüber. Dadurch werden die Pixel der sauberen Stelle über den Staub kopiert. Versuchen Sie, die beiden Stellen so nah wie möglich zu halten, damit die Farben sich entsprechen (4/5).

4 Kopierstempel-Werkzeug

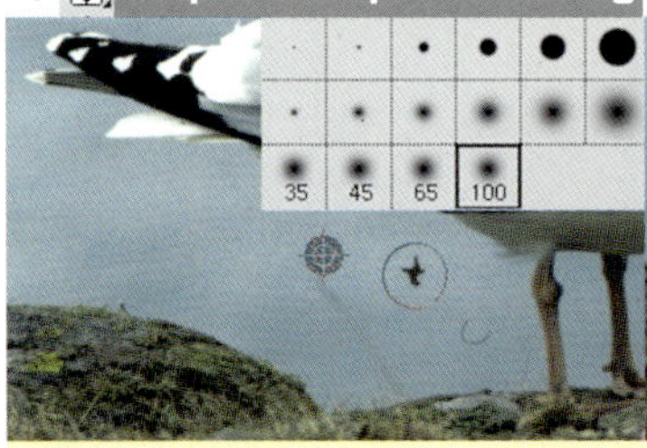

5 Kopierstempel

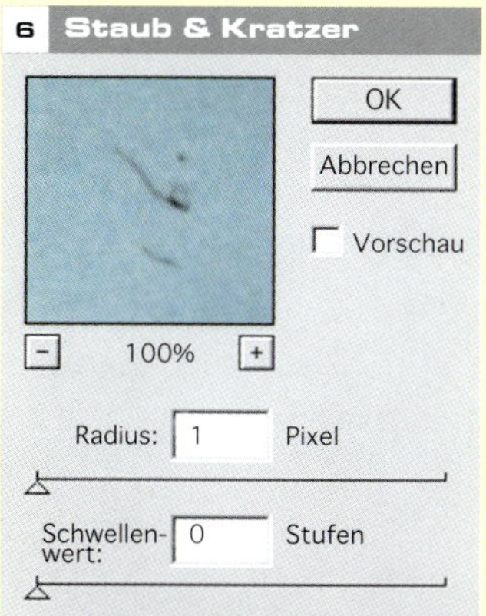

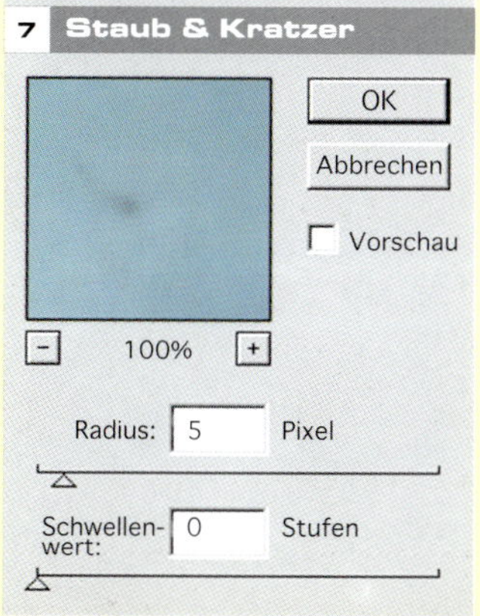

Ausgeben

Vor dem Ausdruck muss die Bildschärfe erhöht werden. Achten Sie darauf, dass dies die letzte Aktion vor dem Ausdruck ist, um sicherzustellen, dass alle Bereiche des Bildes gleich scharf gestellt werden. In diesem Fall wurde ein A4-Ausdruck zur Ausstellung in einem Naturschutzgebiet benötigt.

1/ Die gescannte Originalvorlage wies Staubpartikel im Bereich des Himmels und des Meeres auf.

2/ Nahaufnahme eines Staubpartikels.

3/ Dies ist ein Beispiel für eine schlechte Retusche, bei der ein größerer Bereich mit einer einzigen Farbe übermalt wurde.

4/ Das Kopierstempel-Werkzeug in Aktion, mit Ausgangs- und Zielbereich. Achten Sie auf das Eingabefeld zur Auswahl der Pinselgröße.

5/ Das Kopierstempel-Werkzeug hat den Staubpartikel durch einen Bereich der Wasserfläche ersetzt.

6/7/ Filter «Staub & Kratzer entfernen» – siehe Tipp.

Schöne Augen machen

Wenn Sie Porträts von Menschen oder Tieren aufnehmen, ist der Bereich, auf den es am meisten ankommt, die Augenpartie. Unser Blick wandert unwillkürlich zu den Augen im Bild, und wenn sie nicht scharf oder nicht deutlich zu sehen sind, verliert das Bild an Wirkung.

1

Aufnehmen

In einer größeren Gruppe von Menschen, wie auf einer Hochzeitsfeier, ist es durchaus möglich, dass die eine oder andere Person im entscheidenden Augenblick die Augen schließt. Professionelle Hochzeitsfotografen nehmen gewöhnlich zwei Bilder derselben Szene hintereinander auf und ersetzen, falls nötig, mithilfe des Kopierstempels die geschlossenen Augen des einen Bildes durch die offenen Augen des anderen. Auch Vögel bedürfen häufig der Nachbearbeitung. Wenn bei einem schwarzen Vogel mit schwarzen Augen kein Licht das Auge aufhellt, wird das ganze Foto flach. Viele Naturfotografen verwenden kleine Blitzlichter, um dieses wichtige Highlight hinzuzufügen.

Bearbeiten

In dem gezeigten Beispiel wurde die nach ihrem Begleiter rufende Seeschwalbe im Bild eingefangen. Aufgrund des Bildwinkels sieht man jedoch keine Reflexion der Sonne in ihren Augen (1/2). Ich fotografierte mehrere Bilder nacheinander und kopierte das Highlight von einem anderen Bild (3).

2

3
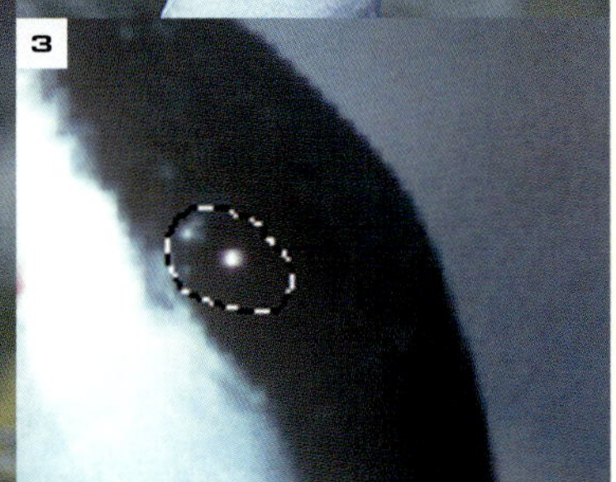

Aufnehmen

Der Rote-Augen-Effekt ist ein weit verbreitetes Problem. Der Effekt tritt auf, wenn Sie ein Blitzlicht nahe der Objektivachse positionieren. Der Blitz trifft auf die Netzhaut der fotografierten Person und wird von den roten Blutgefäßen reflektiert. Die einfachste Möglichkeit, diesen Effekt zu vermeiden, besteht darin, den Blitz von der Kamera zu trennen, was bei Kompaktkameras jedoch nicht immer möglich ist.

Das Foto *Beth* von John Wigley wurde mit einer digitalen Kompaktkamera aufgenommen, unter Benutzung des eingebauten Blitzlichtes. Der Rote-Augen-Effekt ist deutlich sichtbar.

Bearbeiten

Im Prinzip müssen nur die roten Bereiche ausgewählt und dann mit der richtigen Farbe neu eingefärbt werden. Dies kann manuell geschehen, aber auch mithilfe der automatischen Rote-Augen-Beseitigung von Programmen wie MGI PhotoSuite und PaintShop Pro (5).

Der Screenshot zeigt das Dialogfeld «Rote Augen entfernen» (Effekte>Foto-Korrektur>Rote Augen entfernen). Die Methode Freihand-Pupillenumriss wurde ausgewählt, um den zu korrigierenden Bereich manuell auszuwählen (6). Dies empfiehlt sich, wenn ein Teil des Auges verdunkelt ist. (In dem Auswahlfeld befindet sich überdies eine Option für Tieraugen.) Sie können die Helligkeit der Pupillen, die Größe der Augenreflexe sowie die Farbe verändern. Experimentieren Sie mit verschiedenen Farben und Einstellungen, um einen natürlichen Effekt zu erzielen.

Um das Bild zu vervollständigen, wurde der Hintergrund bearbeitet, indem mit dem Kopierstempel-Werkzeug die Farbe des zentralen Bereiches über den Rest des Hintergrundes verbreitet wurde. Anschließend wurde noch ein Lichteffekt (Effekte>Lichteffekte>Lichter) hinzugefügt, mit dem die Wirkung von einer oder mehreren Lichtquellen simuliert werden kann.

1/ Das ursprüngliche Foto der Seeschwalbe.

2/ Das schwarze Auge und der schwarze Kopf der Seeschwalbe verschmelzen ohne Highlight.

3/ Ein Highlight eines anderen Bildes wurde hineinkopiert.

4/ Rote Augen, von einem normalen Blitzlicht verursacht.

5/ Rote Augen in PaintShop Pro beseitigt – achten Sie auf die Einstellungen Freihand-Pupillenumriss und Schimmer-Helligkeit.

6/ Der Rote-Augen-Bereich, mit dem Zauberstab-Werkzeug ausgewählt.

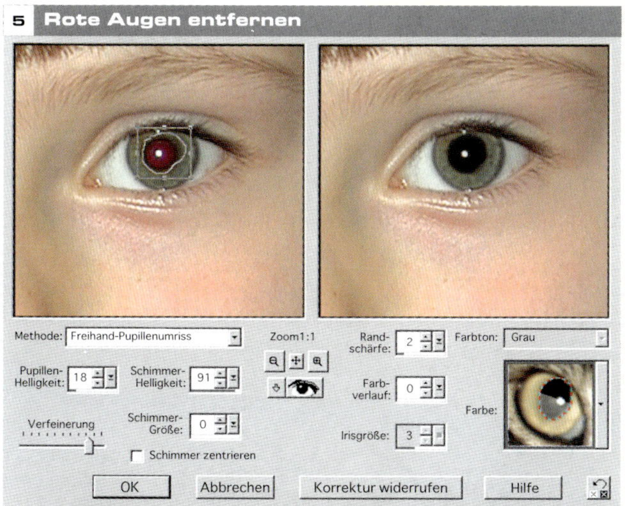

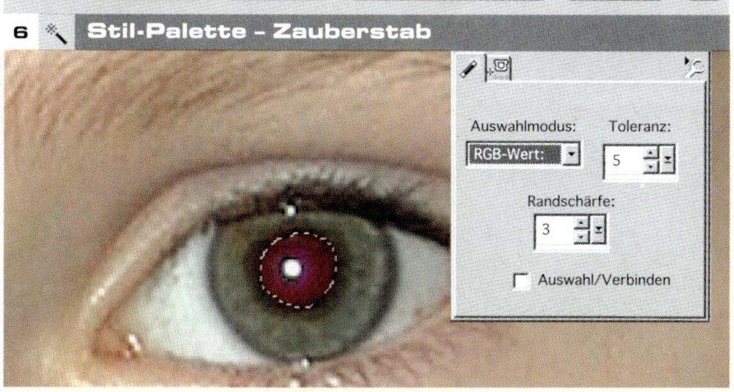

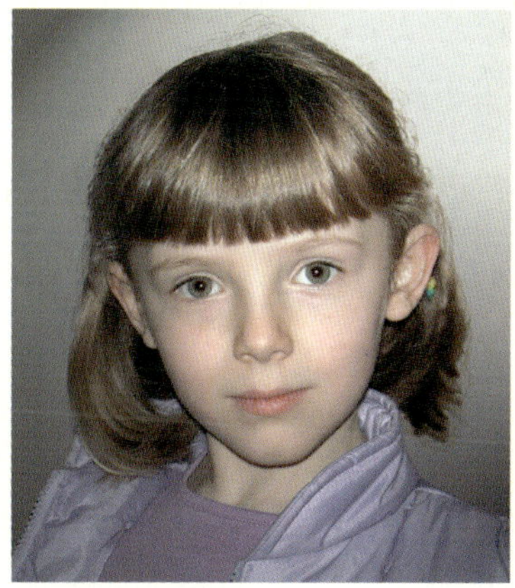

! Wenn Sie ein Foto der porträtierten Person ohne Rote-Augen-Effekt haben, können Sie die Farbe diesem Auge entnehmen.

1

! Behandeln Sie alte Fotografien immer mit großer Vorsicht! Sie sind häufig sehr brüchig und können an Knickfalten leicht reißen.

Alte Fotos restaurieren

In den meisten Familien finden sich alte Fotografien, die geknickt, zerrissen oder völlig verblichen sind. Die digitale Bildverarbeitung macht es möglich, alte Fotografien in ihrem ursprünglichen Glanz wieder herzustellen.

Aufnehmen

Zum Digitalisieren dieser alten Fotografie verwendete ich einen Flachbettscanner (2) und scannte den 9 x 9 cm großen Abzug bei hoher Auflösung (600 ppi), um für alle Größen vorbereitet zu sein. Ich erhielt eine 13 MB große Datei, groß genug für einen A4-Ausdruck. Das Ziel war, einen digitalen Ausdruck zum Einrahmen sowie mehrere kleinere Ausdrucke als Erinnerungsfotos für Verwandte zu erstellen. Ich behielt für den neuen Ausdruck absichtlich den ursprünglichen Rand des Bildes bei (1).

2 **Scan**

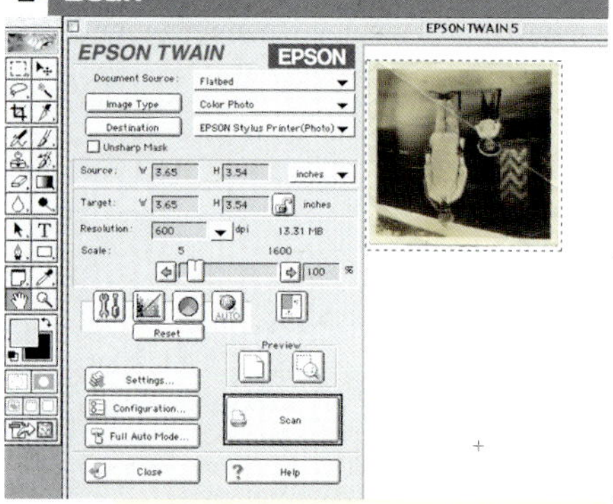

Bearbeiten

3

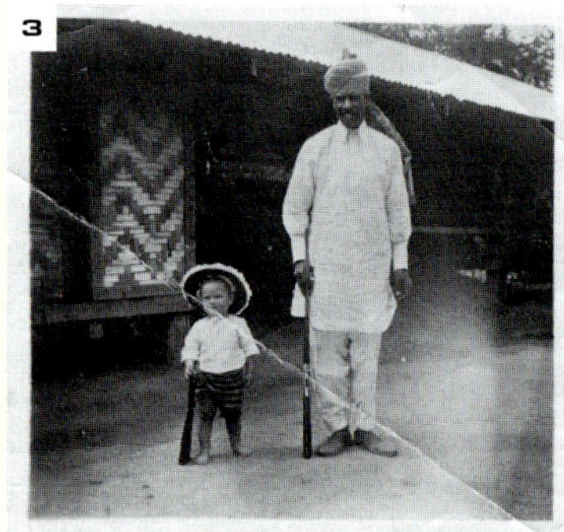

Ich öffnete das Bild in Adobe Photoshop Elements und speicherte es als TIFF unter dem Namen «Original». Die darauf folgenden Versionen des Bildes wurden dann einfach durchnummeriert. Es ist immer empfehlenswert, das unretuschierte Original des Bildes zu archivieren.

Ich zog es vor, zuerst die Farben zu beseitigen, indem ich das Bild in den Graustufenmodus konvertierte (Bild>Modus>Graustufen), um anschließend die Farben neu hinzuzufügen. Dies bedeutete, dass ich in der Zwischenzeit mit einer 4 MB statt 13 MB großen Datei arbeiten konnte (3).

Mithilfe des Zoom-Werkzeuges vergrößerte ich den zu bearbeitenden Bereich (4). Der größte Teil der Retusche wurde mithilfe des Kopierstempel-Werkzeuges durchgeführt, das eine ausgewählte Gruppe von Bildpunkten über eine andere Gruppe kopiert. So kann ein Kratzer oder ein Riss mit einem Muster von Pixeln so ausgefüllt werden, dass ein nahtloser Übergang erzielt wird. Ich wählte für das Werkzeug eine Pinselform mit weichen Kanten und bestimmte den zu kopierenden Bereich, indem ich ihn bei gedrückter Alt-Taste anklickte. Dann wurde das Werkzeug über den zu füllenden Bereich bewegt und bei gedrückter linker Maustaste der Bereich übermalt.

Dies erfordert einige Übung. Achten Sie darauf, keine sich wiederholenden Muster zu erzeugen, indem Sie den zu kopierenden Bereich häufiger neu auswählen (5).

Die schwierigsten Bereiche waren das Gesicht des Jungen sowie der Boden, da die Schattierungen dort sehr ungleichmäßig waren. Durch

4 **Zoom**

5 **Kopierstempel**

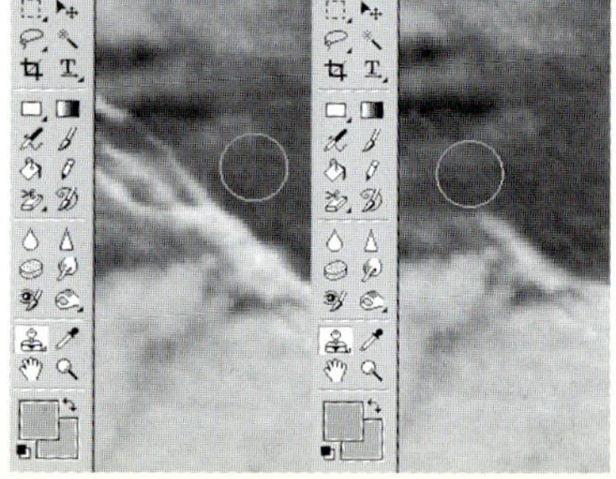

! **Malmodus – Photoshop Elements und andere Programme verfügen über verschiedene Malmodi, die den jeweiligen Pinselformen zugeordnet werden können. Es gibt zahlreiche dieser Malmodi, wobei zum Retuschieren von Bildern die Optionen Abdunkeln und Aufhellen (7) die nützlichsten sind. Im Modus Aufhellen werden nur diejenigen Pixel aufgehellt, die dunkler sind als die mit dem Kopierpinsel bearbeiteten – während umgekehrt im Modus Abdunkeln nur die helleren verdunkelt werden. Dadurch wird das Retuschieren von Bereichen wie dem Gesicht des Jungen sehr erleichtert.**

! **Beim Retuschieren von Fotos wie diesem sollten Sie der Versuchung widerstehen, alles perfekt machen zu wollen. Sie laufen Gefahr, dass die Stimmung des alten Fotos dadurch verloren geht. Das Ziel besteht hauptsächlich darin, die Beschädigungen zu beseitigen.**

6 Auswahl

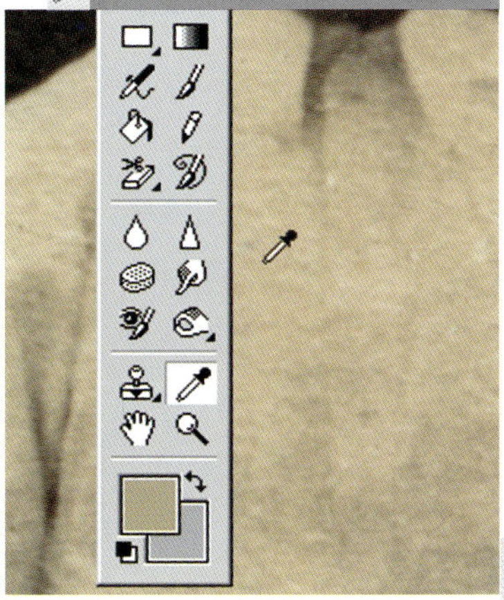

stärkere Vergrößerung mit dem Zoom-Werkzeug konnte das Gesicht sehr detailliert retuschiert werden.

Schließlich wollte ich die Sepia-Tönung wieder herstellen. Ich öffnete die Originaldatei und kopierte mit der Pipette die Farbe des Hemdes (6). Diese Farbe wurde am Ende der Werkzeugpalette zur Vordergrundfarbe. Dann konvertierte ich das retuschierte Bild wieder in den Farbmodus (Modus>RGB-Farbe) und füllte es mit der Farbe durch den Befehl «Effektmodus-Farbe» (Bearbeiten>Fläche füllen>Vordergrundfarbe>Farbe).

Dies färbt die Pixel proportional zu ihrem ursprünglichen Farbton – hellgraue Pixel bekommen eine helle Farbe, dunkle Pixel bekommen eine entsprechend dunklere Farbe. Dies ergab eine beinahe exakte Wiederherstellung des Originals. Ich beendete den Prozess, indem ich vor dem Ausdrucken noch die Helligkeit und den Kontrast optimierte.

8 Fläche füllen

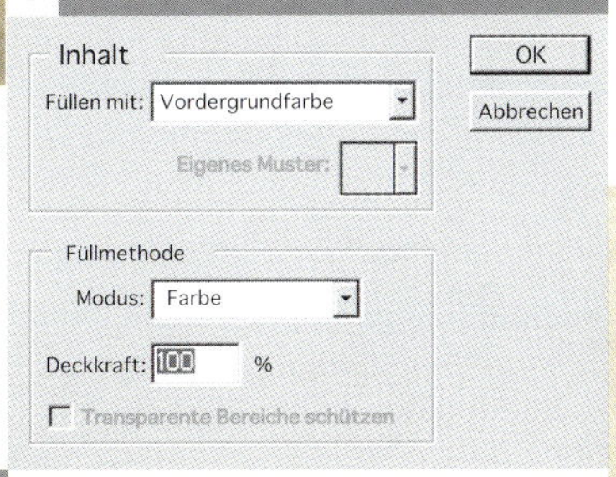

7 Effektmodus

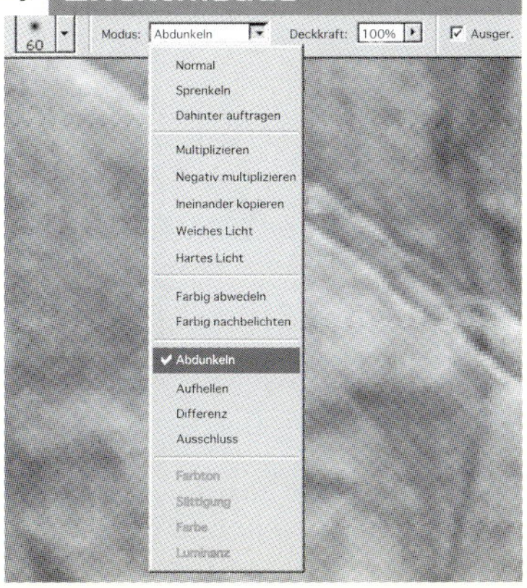

Ausgeben

Das Ziel dieser Übung bestand darin, eine möglichst originalgetreue Replik des ursprünglichen Abzugs auf mattem Tintenstrahldruckerpapier anzufertigen. Das Bild wurde nicht mit Scharfzeichnungsfiltern behandelt, sodass es den weichen Charakter des Originals behielt. Ich druckte mit meinem Tintenstrahldrucker bei einer Auflösung von 200 ppi einen A4-Ausdruck sowie einige kleinere Abzüge als Familienerinnerungsfotos.

1/ Das Originalbild.

2/ Screenshot der Scannerschnittstelle mit Einstellungen für Auflösung, Modus und Dateigröße.

3/ Das im Graustufenmodus konvertierte Bild.

4/ Nahaufnahme des beschädigten Bildbereiches bei ausgewähltem Kopierstempel-Werkzeug.

5/ Kopierstempel-Werkzeug über dem beschädigten Bereich.

6/ Auswahl der Farbe des Originals mithilfe der Pipette.

7/ Effektmodi in Photoshop Elements mit ausgewähltem Abdunkelungs-Modus.

8/ Dialogfeld «Fläche füllen» mit der Option für das Füllen mit der Vordergrundfarbe.

Farbig oder monochrom?

POST

1/ Das ursprüngliche Bild.

2/ Das Dialogfeld für Sepia-Tönung in PaintShop Pro. Als Alternative haben Sie die Möglichkeit, die Farbe des Tons mit dem Dialogfeld für Farbsättigung und Helligkeit festzulegen.

Sepia-Tönung

Viele alte Fotografien haben eine Sepia-Tönung. Die spezielle chemische Zusammensetzung des Sepia-Prozesses ist unter anderem der Grund für ihre Langlebigkeit. Mithilfe digitaler Bildverarbeitungsprogramme kann man aus neuen Fotografien ebenfalls die Farben entfernen und anschließend durch eine Sepia-Tönung oder einen beliebigen anderen Farbton ersetzen. Luzette Donohue demonstriert hier, wie man eine recht gewöhnliche Fotografie in einen reizvollen sepiagetönten Druck verwandeln kann.

1

Aufnehmen

Dieses recht gewöhnliche Foto eines Oldtimers habe ich bei einer Oldtimer-Rallye mit Farbfilm aufgenommen. Dabei schwebte mir ein nostalgisches Bild vor, das das Lebensgefühl der Dreißigerjahre in einen zeitgemäßen Kontext stellt. Ich beabsichtigte, das etwas störende Schild vor der Kühlerhaube zu retuschieren und die Figuren im Hintergrund verschwimmen zu lassen, um einen geringen Tiefenschärfe-Effekt zu erzielen (1).

Ich scannte das Bild bei einer Auflösung von 2.000 ppi, was eine Dateigröße von 18 MB ergab. Dann stellte ich mit dem Beschneiden-Werkzeug in PaintShop Pro den endgültigen Bildausschnitt frei.

Bearbeiten

Um den störenden Hintergrund verschwimmen zu lassen, zeichnete ich mit dem Lasso eine Auswahl und wendete den Filter «Bildschärfe verringern» an. Der Effekt des Filters muss dem Bild entsprechend angepasst werden.

Das Schild vor dem Kühlergrill retuschierte ich mit dem Kopierpinsel. Der letzte Schritt bestand darin, dem Bild durch den Sepia-Ton einen nostalgischen Charakter zu verleihen. Einige Programme verfügen über die Sepiaton-Option, während andere die Möglichkeit bieten, die Farbtönung mithilfe der Menüs für Farbton, Sättigung und Helligkeit vorzunehmen. Hier verwendete ich den Befehl «Sepia-Tönung» (Effekte>Kunst-Effekte>Sepia-Tönung) mit dem höchsten Alterungsgrad (2).

Ausgeben

Ich druckte das Foto auf einem rauen Papier im Tintenstrahldrucker und rahmte es mit einem «antik» aussehenden Rahmen ein, um dem Bild die passende Atmosphäre zu verleihen.

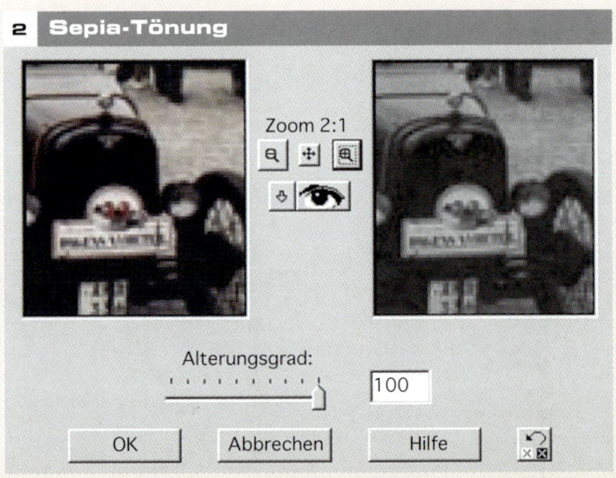

! **Die Sepia-Tönung ist am wirkungsvollsten, wenn das Bild, das Sie einfärben, möglichst wenige Farben und einen relativ geringen Kontrast hat.**

Partielles Einfärben

2 Zauberstab

1/ Das ursprüngliche Bild hatte durch das Wolfram-Glühlampenlicht einen sehr warmen Ton.

2/ Mit dem Zauberstab-Werkzeug wurde die Rose ausgewählt.

3/ Das Dialogfeld «Farbton/Sättigung» zeigt eine Verschiebung des Farbtons in Richtung Blau sowie eine Erhöhung der Farbsättigung.

Die selektive Entfernung von Farben aus bestimmten Bildbereichen und die Betonung anderer Bereiche kann die Wirkung eines Bildes erheblich erhöhen. In diesem Beispiel von Walter Spaeth wurde die Wärme der Hauttöne reduziert und die Sättigung der roten Rose erhöht, was einen Kontrast zwischen der Person und der Rose erzeugte.

Aufnehmen

Ich fotografierte dieses Bild auf herkömmlichem Film und verwendete ein weiches Wolfram-Licht, um der Aktstudie eine sehr warme Wirkung zu geben. Ich scannte das Dia mit einer Auflösung von 2.000 ppi, was eine 18 MB große Datei ergab (1).

1

Bearbeiten

Die Bearbeitung der Fotografie war relativ einfach. Der erste Schritt bestand in der Auswahl der Rose mit dem Zauberstab-Werkzeug (2). Ich setzte den Toleranzwert niedrig an, damit die Auswahl sich nicht auf den Hintergrund erstreckte. Dann kehrte ich die Auswahl um, womit der Rest des Bildes und nicht die Rose die Auswahl war. Durch Experimentieren mit den Einstellungen für Farbton/Sättigung fand ich einen Blauton, der die Wirkung, die ich beabsichtigte, gut traf (3). Nun kehrte ich die Auswahl abermals um (Auswahl>Auswahl umkehren) und erhöhte vorsichtig die Farbsättigung der Rose.

Ausgeben

Das Bild war zur Ausstellung in einem Fotoklub vorgesehen. Ich druckte es im Format A3 auf mattem Papier im Tintenstrahldrucker.

3 Farbton / Sättigung

«Diese Art von ‹Malerei› weckt den Künstler in mir. Man kann auf diese Weise größere oder kleinere Bereiche bearbeiten. Jedoch kommt es dabei auf gute Planung an, damit das Bild auch gut aussieht.»

1

! Farbverläufe – Für den Himmel wurde mit dem Werkzeug für Verlaufsfüllungen ein Verlaufseffekt erzeugt. In diesem Fall wurde eine durchgehender Verlauf von der deckenden Farbe zur Transparenz erzeugt.

Fotos kolorieren

Es gibt im Wesentlichen zwei Möglichkeiten, um einem monochromen Bild Farbe zu verleihen. Zum einen kann man mit einem Pinsel Farbe auftragen – eine Technik, die in der Frühzeit der Fotografie häufig für Porträts verwendet wurde. Die andere Möglichkeit besteht darin, ausgewählte Bereiche eines Bildes mit Farbe zu füllen.

Einige Szenerien, wie etwa eine kahle Heidelandschaft bei trübem Wetter, sind überwiegend monochrom, doch können sie gut als Ausgangsbasis für ein farbiges Bild verwendet werden, in dem die Atmosphäre der ursprünglichen Landschaft stark verändert wird.

Aufnehmen

Dieses Bild des Örtchens Wensleydale in Yorkshire von John Wigley wurde an einem grauen, verhangenen Morgen um 5:30 Uhr auf Film fotografiert, in der Absicht, es später zu kolorieren (1).

Bearbeiten

Ich konvertierte das farbige Ausgangsbild in ein Graustufenbild, um sämtliche Farben zu beseitigen. Dazu verwendete ich den Befehl «Kolorieren» in PaintShop Pro, wobei ich für Farbton und Sättigung den Wert 0 einsetzte (2). In anderen Programmen wird dieser Vorgang gelegentlich auch «Entsättigung» genannt. Er entfernt im Wesentlichen die Farbe aus den Farbtönen und reduziert sie auf Graustufen. Anschließend wurden Helligkeit und Kontrast angepasst, um ein «gutes» Schwarzweißbild zu erzeugen.

Der nächste Schritt bestand darin, ein Farbschema für das Bild zu entwickeln. Beim Gras und der Scheune im Vordergrund war dies einfach, doch die Auswahl der richtigen Farbe für die Hügel und den Himmel brauchte etwas länger.

Die Methode besteht im Grunde darin, den einzufärbenden Bereich mit dem Freihand-Lasso-Werkzeug auszuwählen, wobei der Rand unscharf gehalten wird, um die Auswahlkante weich zu halten. Ich wählte die Farbe in der Farbenpalette und füllte den ausgewählten Bereich mit dem Farbfüllungs-Werkzeug im Anpassungsmodus Multiplikation (3). Die Intensität der endgültigen Farbe kann mithilfe des Deckungsreglers so eingestellt werden, dass sich ein pastellartiger Effekt einstellt.

Ausgeben

Ich beabsichtigte, das Bild für eine Ausstellung einer Serie digitaler Bilder auszudrucken. Dafür wurde es auf einem strukturierten Papier im Format A3 mit dem Tintenstrahldrucker ausgedruckt.

1/ Das ursprüngliche Bild.

2/ Das Dialogfeld «Kolorieren» in PaintShop Pro zeigt den Effekt in einem Vorschaufenster.

3/ Auffüllen des ausgewählten Bereichs mit dem Farbfüllungswerkzeug. Der Anpassungsmodus steht auf Multiplikation. Dies vervielfältigt die Farbwerte der unterliegenden Bildpunkte mit der Füllfarbe.

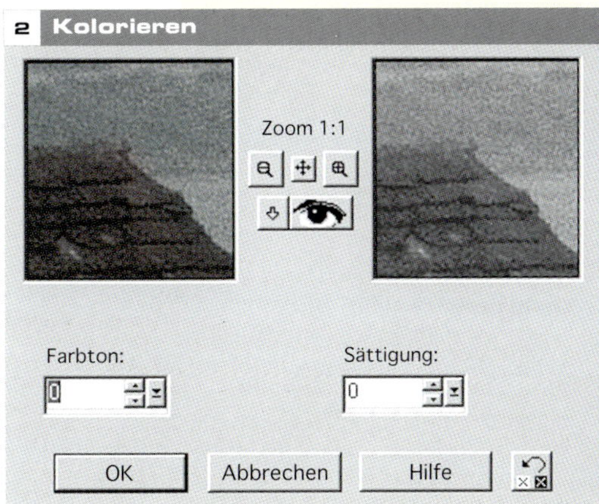

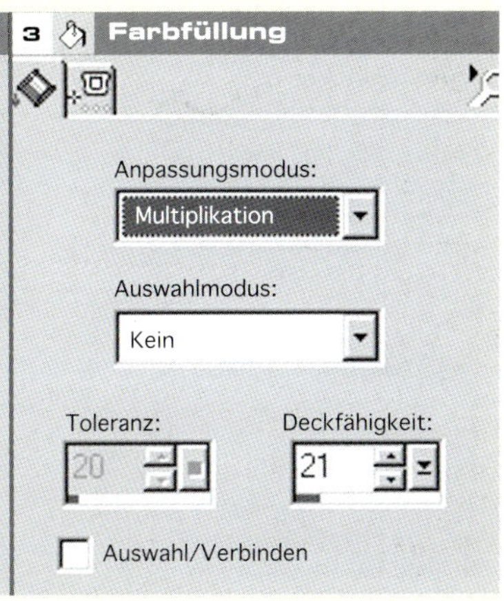

1

Der Umgang mit Farben

Farben sind ein integraler Bestandteil unserer Welt, doch der Erfolg oder Misserfolg eines Bildes hängt davon ab, wie es uns gelingt, die Farben in einer Fotografie einzufangen.

Ein Motiv oder eine Szenerie kann helle, lebendige, aber auch weiche, gedämpfte Farben haben, je nachdem, welche Lichtbedingungen vorherrschen. Mithilfe der digitalen Bildverarbeitung am Computer kann man die Sättigung einer oder aller Farben eines Bildes erhöhen oder verringern. Farbkombinationen spielen ebenfalls eine große Rolle. Gruppen von Farben, wie die Rot-, Braun- und Gelbtöne eines herbstlichen Baumes, harmonieren miteinander, während Kontrastfarben ein Bild lebendig machen können.

In einigen Fällen, wie etwa an einem nebligen Tag, kann eine Szenerie praktisch monochrom erscheinen, und es hängt vom Geschick des Fotografen ab, ob er sich diesen Effekt zunutze macht oder das Bild elektronisch nachbearbeitet.

Dieses Foto von Sonya Cullimore demonstriert die Verwendung leuchtender Farben, die digital aufbereitet wurden.

Aufnehmen

Der ursprüngliche Gedanke für dieses Bild war, den Gebrauch ähnlicher Farbtöne zu demonstrieren und zu zeigen, wie verschiedene Oberflächenstrukturen ein reizvolles Bild ergeben können. Der Kontrast des gelben Mooses auf den Treppenstufen ist besonders reizvoll. Das endgültige Bild hängt mittlerweile in meinem Wohnzimmer als 28 x 36 cm-Ausdruck und sieht genau so aus, wie ich es mir ursprünglich vorgestellt hatte.

Ich nahm das Originalbild mit einer 2,5-Megapixel-Digitalkamera auf und übertrug es von der SmartMedia-Karte via USB-Kartenlesegerät auf den Computer (1).

Bearbeiten

Ich öffnete das Bild in PaintShop Pro, um die Farben zu bearbeiten. Als Erstes machte ich das Bild heller und erhöhte den Kontrast mithilfe der Helligkeits- und Kontrastregler (2). Als Nächstes setzte ich die automatische Sättigungskorrektur von PaintShop Pro ein (Effekte>Foto-Korrektur>-Automatische Sättigungskorrektur), um die Farbsättigung zu erhöhen. Die richtigen Werte erhielt ich durch Probieren (3).

Ausgeben

Ich wollte das Bild an der Wand meines Wohnzimmers aufhängen und druckte es auf Hochglanzpapier aus, um die Farben zu verstärken. Ich veränderte die Bildgröße des 2,1 MB großen Bildes, um einen 36 cm großen Ausdruck bei 200 ppi auf meinem Tintenstrahldrucker zu bekommen. Vor dem Ausdruck wendete ich den Filter «Unscharf maskieren» an, um die Bildschärfe zu erhöhen.

! Hochglanzpapier ist in den meisten Fällen am besten für kräftige, satte Farben geeignet. Es erzielt ein tieferes Schwarz und saubereres Weiß, während mattes oder strukturiertes Papier am besten für zartere, gedämpfte Farben sorgt.

2 **Helligkeit & Kontrast**

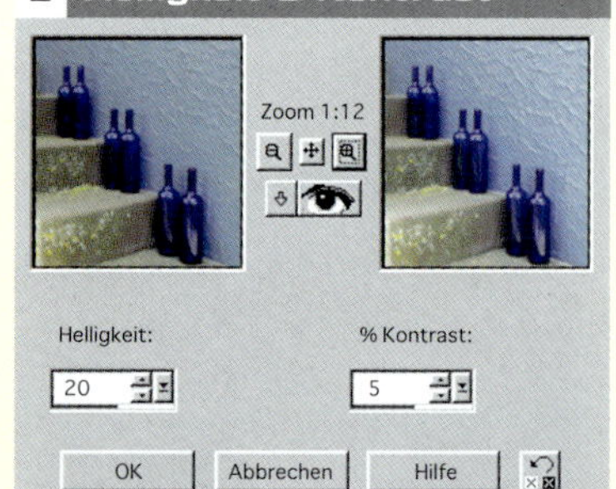

3 **Auto. Sättigungskorrektur**

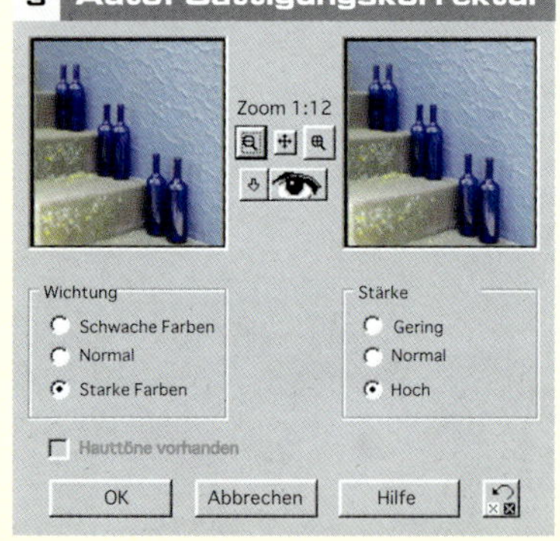

1/ Das ursprüngliche Bild.

2/ Das Bild war kontrastarm und ein wenig flach, also wurde mithilfe der Helligkeits- und Kontrastregler etwas mehr Licht hinzugefügt.

3/ Die automatische Sättigungskorrektur in PaintShop Pro wurde eingesetzt, um die Farbsättigung zu erhöhen.

1

Dieses zweite Bild von Sonya Cullimore ist ein gutes Beispiel dafür, wie es ist, wenn man zur richtigen Zeit am richtigen Ort ist.

1/ Das ursprüngliche Bild war ziemlich trübe und kontrastarm.

2/3/ Die Regler für Helligkeit, Kontrast und Farbsättigung wurden eingesetzt, um die Farben zu verbessern.

4/ Mithilfe des Kopierpinsel-Werkzeugs wurden einige störende Gegenstände am Boden beseitigt. Ein sauberer Bereich wurde ausgewählt und dann verwendet, um die unerwünschten Bereiche zu übermalen.

Aufnehmen

Ich entdeckte dieses gelbe Fahrrad an einer orangen Mauer aus dem fahrenden Auto. Die Kombination der Farben, das Orange und Gelb im Kontrast zu dem purpurroten Fensterrahmen, faszinierte mich sofort. Ich hielt an und zückte meine Digitalkamera. Es gelang mir, eine Serie von Bildern aufzunehmen, bevor der Eigentümer des Fahrrads auftauchte, sein Fahrrad bestieg und davonfuhr. Dies ist ein gutes Beispiel für ein ‹gefundenes› Stillleben, und ich hätte mir kein reizvolleres Bild wünschen können (1).

Bearbeiten

Ich verwendete PaintShop Pro, um die Farbwirkung zu verstärken und um bestimmte störende Elemente aus dem Bild zu entfernen. Das ursprüngliche Bild war ziemlich trübe und kontrastarm, also verwendete ich die Regler für Helligkeit, Kontrast und Farbsättigung in PaintShop Pro, um die Farben des Bildes zu überarbeiten (2/3). Durch die Aufhellung des Bildes kam eine Reihe störender Elemente auf dem Boden zum Vorschein. Ich setzte das Kopierpinsel-Werkzeug ein, um diese Elemente zu entfernen (4).

Ausgeben

Dieses Bild wurde auf einem Tintenstrahldrucker ausgedruckt und hängt in meinem Wohnzimmer neben dem Bild *Flaschen*. Außerdem habe ich es in die Ausstellung auf meiner Web-Site aufgenommen.

2

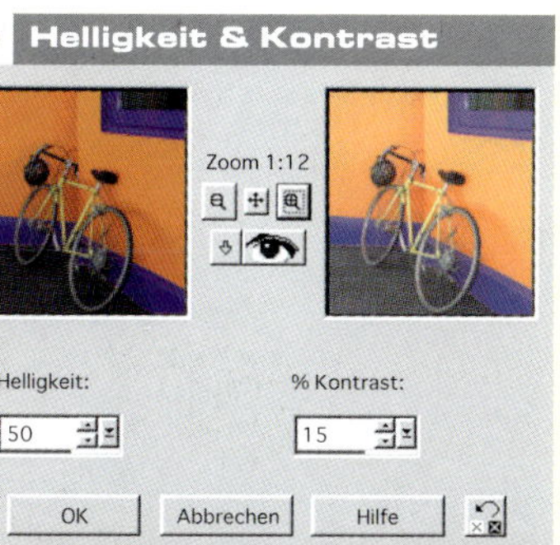

3

4

Farben müssen nicht immer kräftig und satt sein. Trübe, neblige Tage mit weichen und gedämpften Farben scheinen auf den ersten Blick nicht zum Fotografieren geeignet. Doch mit sorgfältiger Bearbeitung können solche Tage sehr reizvolle Bilder zum Ergebnis haben. Dieses Bild von Rod Edwards illustriert den Einsatz weicher, gedämpfter Farben mit großartiger Wirkung.

1

«Ich verwendete einen abgestuften Blaufilter, doch ein ähnlicher Effekt hätte auch mit dem Computer durch das Verlaufswerkzeug erzielt werden können. Außerdem setzte ich einen Skylight-Filter ein und schmierte ihn mit ein wenig Vaseline ein, um das Bild noch weicher zu zeichnen.»

Effekte mit Farben

Aufnehmen

Ich fotografierte dieses Bild frühmorgens in den Cotswold Hills in Südengland mit einer herkömmlichen Kamera. Ich verwendete einen niedrig empfindlichen Kleinbild-Diafilm und ein Zoomobjektiv bei einer Einstellung von etwa 50 mm. Da das Bild später kommerziell verwertet werden sollte, scannte ich das Dia mit 2.700 ppi, was eine Dateigröße von 25 MB ergab (1).

Bearbeiten

Das entscheidende Element für dieses Bild ist die Dichte. Wenn es zu dunkel wird, verliert es die zarten Töne, und wenn es zu hell wird, wird es unterbelichtet. Ich setzte die Helligkeits- und Kontrastregler in Photoshop ein, um sorgfältig die Gesamtbalance des Bildes anzupassen. Es war besonders wichtig, den Übergang zwischen Erde und Himmel beizubehalten und dafür zu sorgen, dass der Baum sichtbar blieb. Wenn das Bild zu hell ist, geht der Baum verloren. Sobald ich die richtige Balance erzielt hatte, passte ich mit dem Farbton/Sättigungs-Regler die Farben an (2), wobei ich vorsichtig die Sättigung der Blautöne des Bildes anhob. Schließlich setzte ich noch den Körnungs-Filter in Photoshop ein, um die Stimmung des Bildes anzuheben. Ich probierte verschiedene Einstellungen aus, bis die richtigen Werte gefunden waren (3).

Ausgeben

Dieses Bild hat sich als sehr populär bei Sammlern künstlerischer Fotografie erwiesen. Ich habe mehrere Abzüge in Ausstellungsqualität verkauft, angefertigt mit dem Tintenstrahldrucker auf hochwertigem Kunstdruckpapier.

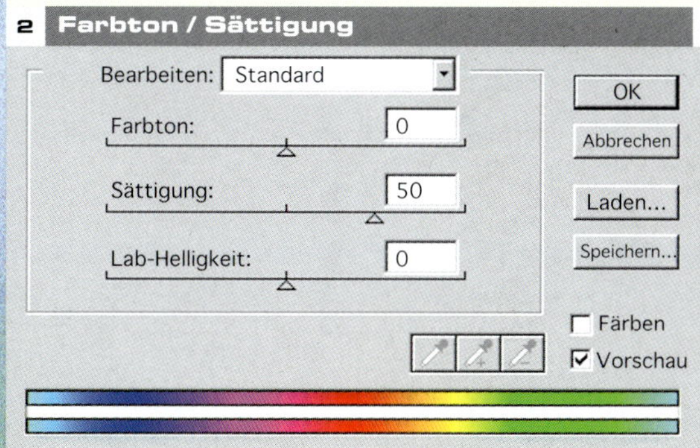

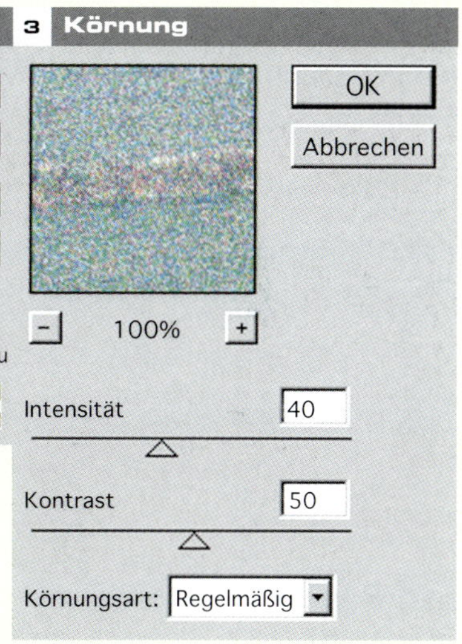

1/ Dem Originalbild mangelte es an Kontrast und Farbsättigung.

2/ Das Dialogfeld «Farbton/Sättigung» wurde eingesetzt, um die Sättigung der Blautöne zu verstärken.

3/ Dialogfeld «Körnung» – dieser Filter ist einstellbar, und verschiedene Einstellungen wurden ausprobiert, bis das Ergebnis zufrieden stellend war.

Montagen

SOUTH

Seit der Erfindung der Fotografie experimentieren Fotografen mit der Kombination verschiedener Bilder oder Teilen von Bildern, um ein neues Bild zu erzeugen. Mit der digitalen Technik sind die Möglichkeiten der Bilderzeugung größer und leichter zugänglich als je zuvor.

1/ Luzette Donohues Bildersammlung aus Bibliotheken oder von gefundenen Gegenständen, direkt im Flachbettscanner gescannt.

2/ *Gartenfreuden.* Luzette scannte ein Stück Papier mit einer starken Oberflächenstruktur, die Abbildungen auf einer viktorianischen Samentüte sowie Blumen aus einem alten Gartenbuch.

3/ *Pferdestärke.* Eine andere Sammlung gefundener Gegenstände.

Die Idee der Montage

1

! **3-D-Objekte scannen** – **Mithilfe eines Flachbettscanners kann man hervorragende Bilder von Objekten wie Schmuck, Blättern oder anderen natürlichen Gegenständen erzeugen. Dabei sind nur die Teile des Gegenstandes scharf fokussiert, die in direkten Kontakt mit dem Glas des Scanners kommen. Dadurch lassen sich, sofern der Gegenstand ausreichende Tiefe besitzt, interessante Tiefenschärfe-Effekte erzielen. Legen Sie den Gegenstand mit der Vorderseite auf das Glas und decken Sie den umgebenden Bereich so gut wie möglich mit schwarzer Pappe ab, um Reflexionen zu vermeiden. Hierzu kann man den Deckel des Scanners abnehmen und den Gegenstand mit einem schwarzen Karton abdecken, damit er nicht beschädigt wird.**

Aufnehmen

Die Fotografin Luzette Donohue plante eine Serie von Bildern, basierend auf einer Sammlung alter Fotografien, von Oberflächenstrukturen und Gegenständen, die sie entweder auf einem Flachbettscanner scannte oder mit einer Digitalkamera fotografierte.

In *Gartenfreuden* (2) begann sie mit dem Hintergrund und scannte ein Stück Papier mit einer starken Oberflächenstruktur, Abbildungen auf einer viktorianischen Samentüte und Blumen aus einem alten Gartenbuch. Sie kombinierte diese Elemente mithilfe der Ebenenfunktion in PaintShop Pro. Jedes einzelne Bild wurde als eine getrennte Ebene angelegt und die Deckkraft eingestellt, bis sich der gewünschte Effekt ergab.

Im zentralen Bild, *Reminisce* (links), wurden die Frauen in Österreich fotografiert und die Brosche gescannt. Der Fisch stammt aus einer lizenzfreien Farbfotografie, und die Schatten der Blätter wurden aus gescannten Blättern abgeleitet.

2

3

«Diese Serie von Collagen besteht aus einzelnen Fotografien, Oberflächenstrukturen, Bildplaketten und natürlichen sowie künstlichen Gegenständen. Dies alles sind Dinge, deren zerbrechliche Schönheit mich fasziniert hat. Ich habe sie absichtlich auf eine Weise geordnet, sodass sie eine Geschichte erzählen und den Betrachter einladen, sich über die Geschichte hinter diesen seltsamen Gegenständen Gedanken zu machen.»

1

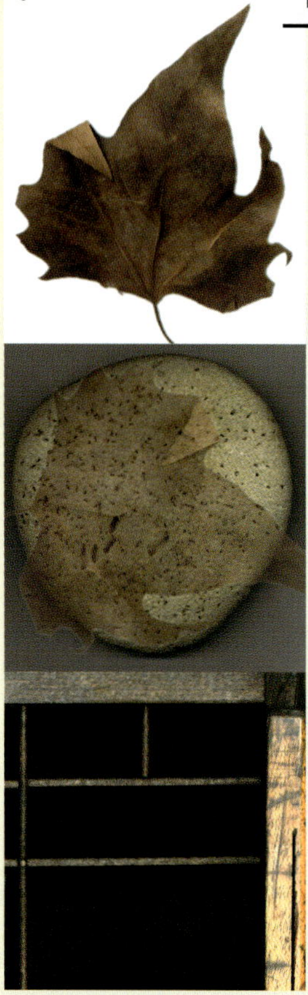

Bearbeiten

Zu Beginn jedes Bildes legte Luzette Donohue in PaintShop Pro eine neue Leinwand im Format 1.760 x 2.200 ppi an (2). Dies erzeugte eine 11 MB große Datei, die sie später im Format 8 x 10 Inch (etwa 20 x 25 cm) bei einer Auflösung von 220 dpi auf einem Tintenstrahldrucker ausdruckte.

Bei dem Beispiel *Steinblatt* (*Stone Leaf*) wurde das Bild des Blattes geöffnet und der Hintergrund mithilfe des Zauberstab-Werkzeuges ausgewählt. Die Auswahl wurde umgekehrt, um das Blatt auszuwählen, das dann in die Zwischenablage kopiert wurde (Bearbeiten>Kopieren). Das Bild des Steines wurde geöffnet, und das Blatt wurde als neue Ebene darüber eingefügt. Mit dem Dialogfeld «Umwandeln der Ebene & Ändern der Eigenschaften» (3) wurde die Deckfähigkeit des Blattes auf 50 Prozent reduziert, sodass die Oberflächenstruktur des Steines durch das Blatt hindurchschien.

Luzette platzierte den Stein und das Blatt auf der Glasplatte eines Flachbettscanners und scannte sie als Farbbilder. Bei dem gezeigten Bild wurde das Blatt aus seinem Hintergrund ausgeschnitten, indem der Hintergrund mit dem Zauberstab-Werkzeug ausgewählt, die Auswahl umgekehrt und anschließend in die Montage eingefügt wurde. Die Deckfähigkeit wurde angepasst, sodass das eingefügte Bild sich gut in den Rest des Bildes einpasste.

2

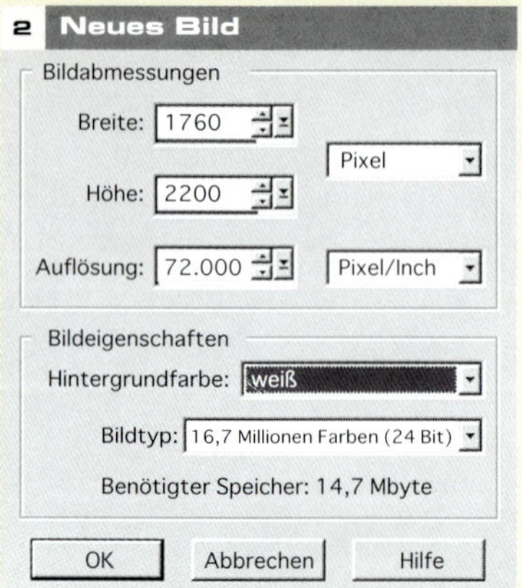

Ausgeben

Luzettes Ziel bestand darin, eine Serie von vier Bildern in der Größe 10 x 8 Inch (rund 20 x 25 cm) zu erstellen, die dann gerahmt und in einem Studio ausgestellt werden sollten. Jedes der Bilder wurde bei einer Auflösung von 220 dpi auf mattem, strukturiertem Kunstdruckpapier auf einem Tintenstrahldrucker ausgedruckt.

1/ Einige der Gegenstände und Bilder, aus denen das Bild *Steinblatt* besteht.

2/ Als Erstes legte Luzette in PaintShop Pro mithilfe des Dialogfelds «Neues Bild» eine neue Leinwand an. Jedes der Bilder erhielt das Format 1.760 x 2.200 ppi. Dies erzeugte eine Datei von 11 MB Größe für einen Ausdruck im Format 10 x 8 Inch (rund 20 x 25 cm).

3/ Die Deckfähigkeit der einzelnen Ebenen kann im Dialogfeld «Umwandeln der Ebene & Ändern der Eigenschaften» eingestellt werden. Hier wurde die Deckfähigkeit des Blattes in Ebene 1 auf 50 % reduziert, sodass die Oberflächenstruktur des Steins hindurchscheinen konnte.

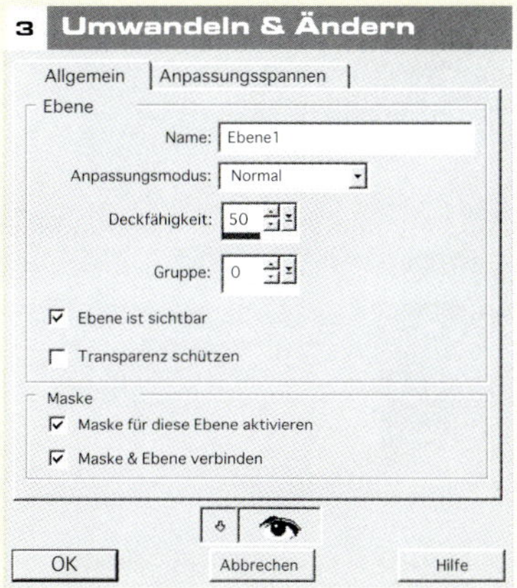

! Mit Ebenen arbeiten – Falls Ihr Programm mit Ebenen arbeiten kann, ist dies besonders für Bilder wie diese sehr nützlich. Sie können dadurch jede Komponente wie ein separates Bild behandeln. Deckfähigkeit, Farbe und Verhältnis zu den darunter liegenden Bildern können eingestellt werden, und das Bild kann in der Größe verändert sowie an eine andere Position verschoben werden.

«Ich habe zwar diese Bilder kreiert, doch habe ich jetzt, wenn ich sie mit Abstand anschaue, das Gefühl, als betrachtete ich die privaten Sammlungen anderer Leute von Dingen mit sentimentalem Wert.»

1

2

1/ Der Affe im Vordergrund ist scharf, doch der Hintergrund ist unscharf.

2/ Das zweite Bild wurde so fokussiert, dass der Hintergrund scharf ist.

3/ Ebenen in Photoshop, die zeigen, dass das Vordergrundbild über dem Hintergrundbild eingefügt wurde.

4/ Die Ebenen-Palette zeigt die Maske auf der obersten Ebene mit einem Loch, das mithilfe des Airbrush-Werkzeuges gemalt wurde.

Montagetechniken

Einige Einsatzmöglichkeiten der Bildmontage sind sehr unauffällig, doch höchst effektiv. Ein typisches Beispiel ist die Fotografie einer Hochzeitsgesellschaft, bei der eine Person im Moment, in dem das Foto geschossen wird, die Augen schließt. Die meisten Hochzeitsfotografen fotografieren aus diesem Grund mindestens zwei Bilder derselben Szene, um die Augen aus einem Bild in das andere kopieren zu können. Ein anderes Beispiel ist das Fotografieren von Tieren, die extrem unberechenbar sind.

«Tiefenschärfe ist bei Tieren immer ein Problem – man braucht schnelle Verschlusszeiten, um sie in der Bewegung festzuhalten. In diesem Fall hielt ich die Kamera in der Hand, also brauchte ich eine schnelle Verschlusszeit für ein scharfes Bild. Der Nachteil dabei ist, dass der Hintergrund wegen der großen Blendenöffnung unscharf wird. Ich wollte die ganze Tiefe der Szene festhalten, also stellte ich für das erste Foto auf den Vordergrund scharf und regelte die Schärfe für den Hintergrund schnell nach. Als ich das zweite Foto schoss, war der Affe im Vordergrund längst verschwunden.»

Aufnehmen

Der Tierfotograf Steve Bloom fuhr eigens nach Japan, um die legendären Schneeaffen beim Bad in einer heißen Quelle zu fotografieren.

Steve schoss die Bilder auf 35-mm-Film und scannte sie in einem Filmscanner bei einer Auflösung von 3.000 ppi, was eine Dateigröße von 30 MB ergab.

Bearbeiten

Beide Bilder wurden in Photoshop geöffnet (1/2). Das erste Bild (1) mit dem scharf gestellten Affen im Vordergrund wurde ausgewählt (Auswahl>Alles auswählen), in die Zwischenablage kopiert und über dem zweiten Bild mit dem scharfen Hintergrund eingefügt (2). Dies erzeugt automatisch eine neue Ebene (3). Ich fügte auf dieser Ebene eine neue Maske hinzu, indem ich das Symbol «Maske hinzufügen» auf der Ebenen-Palette anklickte, und füllte es mit Schwarz (Bearbeiten>Fläche füllen>Schwarz). Diese Aktion maskierte den Effekt der obersten Ebene, sodass nur noch das Hintergrundbild sichtbar war. Als Nächstes legte ich mit dem Airbrush-Tool den Vordergrund frei, indem ich praktisch ein Loch in die Maske malte und dadurch die beiden Bilder kombinierte (4). Bei detaillierten Bildkanten, wie dem Kopf des Affen, vergrößerte ich die Bildansicht und verwendete einen kleineren Pinsel. Zum Abschluss nahm ich noch eine Feineinstellung von Helligkeit und Kontrast vor.

Ausgeben

Das endgültige Bild wurde in mein Agenturarchiv aufgenommen und mit einer Auflösung von 220 ppi in A3 auf einem Tintenstrahldrucker ausgedruckt. Eine kleinere Version des Bildes wurde als JPEG für meine Web-Site gespeichert.

3 Ebenen-Palette / Maske

4 Airbrush / Ebenen-Palette

1

2

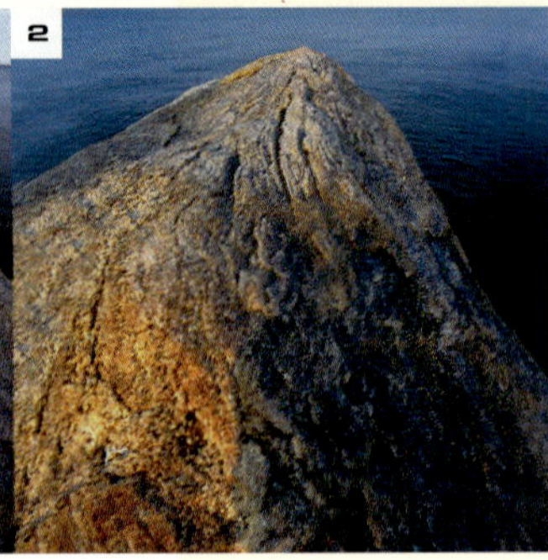

3

Aufnehmen

Bearbeiten

Ausgeben

Seit der Frühzeit der Fotografie verbessern Fotografen ihre Bilder, indem sie zu existierenden Fotos neue Elemente hinzufügen. Eines der verbreitetsten Beispiele dafür ist das Hinzufügen eines neuen Himmels. Fotografen nehmen dazu eigens Fotos von dramatischen Wolkenstimmungen auf, um sie zu einem späteren Zeitpunkt einzusetzen.

Promontory **(Vorgebirge) von George Mallis zeigt eine kleine Felsenformation am Meer in East Hampton auf Long Island, New York.**

Aufnehmen

Mit der Kamera etwa 45 cm über dem Boden erhielt ich eine ungewöhnliche Perspektive. Ich fotografierte mit einem 20 mm-Extrem-Weitwinkelobjektiv, um die Tiefendimension zu betonen. Dadurch erscheint der Felsen überlebensgroß, und die V-Formation zieht unsere Aufmerksamkeit auf sich. Dem relativ klaren Himmel mangelte es jedoch an einem zentralen Bildelement, auf das die V-Formation hindeuten könnte (1). Das zweite Bild (3) bietet das Ausgangsmaterial für dieses Bildelement: eine dramatische Wolkenformation, die an einem anderen Tag an derselben Stelle fotografiert wurde.

Bearbeiten

Ich stellte das Bild des Felsens frei, entfernte den Himmel und hob Helligkeit und Kontrast mit den entsprechenden Reglern in Photoshop an (2). Dann stellte ich das Bild der Wolkenformation frei und nahm einige kleinere Änderungen an Dichte und Kontrast des Bildes vor.

Um den neuen Himmel und den Vordergrund zu kombinieren, brauchte ich zusätzlichen Raum über dem Vordergrundbild. Ich öffnete das Dialogfeld «Arbeitsfläche» in Photoshop (4), vergrößerte die Höhe des Bildes um 200 Prozent und platzierte das Original an der Unterkante der neuen Arbeitsfläche. Die Dateigröße änderte sich dadurch von 22 MB auf 43,9 MB. Dann wählte ich das gesamte Wolkenbild aus (Auswahl>Alles auswählen), kopierte es in die Zwischenablage und fügte es in den freien Bereich der neuen Arbeitsfläche ein (5). Mit dem Verschieben-Werkzeug positionierte ich das Bild genau über dem Vordergrund.

Als ich mit dem Ergebnis zufrieden war, reduzierte ich die beiden Ebenen auf die Hintergrundebene und fuhr mit dem Weichzeichner-Werkzeug an der Kante zwischen Meer und Himmel entlang, um sie ganz leicht aufzuweichen. Schließlich schnitt ich noch die übrig gebliebene weiße Fläche an der Oberkante ab, was eine endgültige Dateigröße von 36 MB ergab.

Ausgeben

Ich druckte das Bild im Format A3 auf einem Tintenstrahldrucker für die Ausstellung in einem Informationszentrum aus. Eine zweite Kopie des Bildes mit niedrigerer Auflösung (72 ppi) fertigte ich für meine Web-Site an.

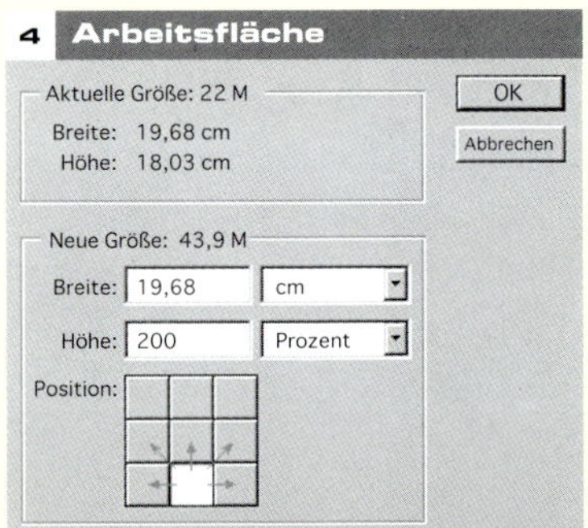

! Ebenen – Wenn Sie ein Bild über ein anderes Bild kopieren, erzeugen viele Programme, wie Photoshop, Photoshop Elements oder PaintShop Pro, automatisch eine neue Ebene. Dies kann man sich wie eine Glasscheibe mit einem Bild vorstellen, die über das ursprüngliche Bild gelegt wird. Das Glas kann hin und her bewegt werden, um die Elemente in eine genaue Position zu bringen.

«Das Ergebnis ist ein viel dramatischeres Bild mit Führungslinien, die uns auf eine interessante Wolkenformation hinweisen. Ganz einfach, doch sehr reizvoll.»

1/ Das ursprüngliche Bild, mit 20-mm-Weitwinkel aus niedriger Perspektive aufgenommen.

2/ Das ursprüngliche Bild freigestellt.

3/ Der neue Himmel.

4/ Veränderung der Arbeitsflächengröße, um Platz für den neuen Himmel zu machen.

5/ Das Einfügen des Himmels in die neue Arbeitsfläche erzeugt eine neue Ebene.

Effekte

1/ Das ursprüngliche Sonnenblumenbild.

2/ Das Dialogfeld «Eigener Filter».

3/ Eine Vielzahl von Effekten, erstellt mithilfe verschiedener Filter – das ursprüngliche Bild sehen Sie oben links, die Version mit den eigenen Filtereinstellungen unten rechts.

Digitale Filter

Alle Bildverarbeitungsprogramme verfügen über ein Spektrum von Filtern, mit denen Bilder verbessert oder modifiziert werden können. Einige dieser Filter legen einen Effekt über ein Bild, wie etwa Störungsfilter oder Beleuchtungseffekte, während andere das Bild verzerren, gelegentlich so sehr, dass man es nicht wieder erkennen kann. Einige Filter werden hier vorgestellt und an dem Bild einer Sonnenblume von Phil Preston ausprobiert.

Ein Tipp: Übertreiben Sie es nicht mit den Filtern! Versuchen Sie, einen dem Bild angemessenen Filtereffekt zu finden. Allzu häufig findet man Bilder, bei denen die Filter offenbar des bloßen Effektes wegen eingesetzt wurden.

Filter können kombiniert eingesetzt werden. So können Sie etwa einem solarisierten Bild noch zusätzlich eine Störung hinzufügen. Nehmen Sie sich Zeit zum Experimentieren!

Die Namen der meisten Filter stehen für sich selbst, doch einige, wie beispielsweise den Sumi-e-Filter, muss man sich anschauen, um den Effekt zu sehen. Einige Filter können in Stärke oder Intensität der Bildwirkung eingestellt werden.

1

2

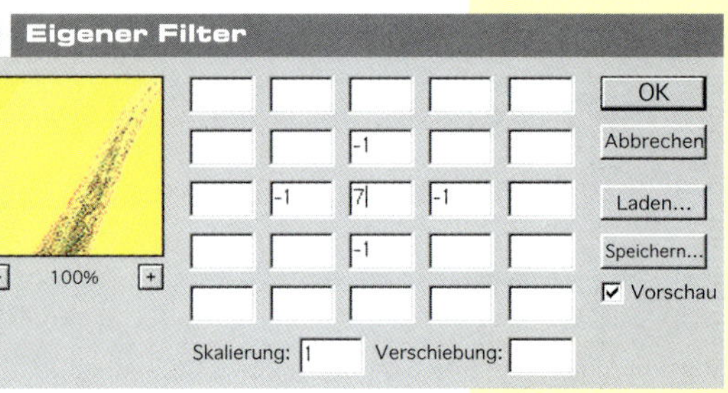

Bearbeiten

Man kann sich Filter als mathematische Gleichungen vorstellen, die auf ein Bild angewendet werden. Einige Programme wie Photoshop und PaintShop Pro bieten die Möglichkeit, eigene Filter zu erstellen, indem man Zahlen in eine Tabelle eintippt. Die Berechnung dieser Filter ist ungeheuer komplex, doch lohnt es sich, einmal ein paar Zahlen einzugeben, um zu sehen, was man erreichen kann. Häufig kann schon die Veränderung einer einzigen Zahl eine große Veränderung des Effekts bewirken. Falls Sie einen Filtereffekt finden, den Sie mögen, können Sie ihn zum künftigen Gebrauch speichern.

3

Sonnenblumenbild
Kreide & Kohle
Buntstiftschraffur
Weiches Licht
Relief
Konturen finden
Leuchtende Konturen
Beleuchtungseffekte
Mosaikeffekt
Störungen hinzufügen
Polarkoordinaten
Solarisation
Sumi-e
Strudel
Eigener Filter

1

! **Wenn man eine Technik wie «Vaseline auf dem Filter» in Verbindung mit einem Weitwinkelobjektiv und kleiner Blendenöffnung verwendet, können die Schmierspuren eine deutliche Wirkung zeigen, wie in diesem Fall, und einen impressionistischen, malerischen Effekt erzeugen. Der gleiche Effekt kann mit einer Bildverarbeitungs-software mithilfe des Wischfinger-Werkzeuges erreicht werden.**

Traditionelle und digitale Techniken

Dieses Bild von Rod Edwards wurde mitten in «Poppyland», dem «Mohnland» im nordöstlichen Norfolk in England aufgenommen. Im 19. Jahrhundert war diese Region für ihre Mohnblumen berühmt, und Gegenden wie die um das Örtchen Cromer zogen zahlreiche Künstler und Dichter von nah und fern an.

«Wie bei allen meinen Bildern arbeitete ich auch an diesem Bild sehr lange, um eine starke grafische Komposition zu erreichen, die auch dann noch wirkt, wenn sie in abstraktere Blöcke von Farbe und Form aufgespalten wird. Auch die dissonanten Farben scheinen gut zu funktionieren und erzeugen einen deutlichen visuellen Kontrast, wobei Rot und Blau auf den gegenüberliegenden Extremen des Farbenkreises zu finden sind.»

Aufnehmen

Mein erster Impuls war, die Szene mit einem Tele-Objektiv zu fotografieren, um die weiter entfernten Bäume zwischen den roten Mohnblumen zu isolieren. Nachdem ich dann einige Bildausschnitte durch das Tele angeschaut hatte, hatte ich das Gefühl, dass ein weiterer Bildwinkel den Vordergrund betonen und gleichzeitig den Gesamteindruck des Bildes beibehalten würde. Schließlich entschied ich mich für ein 24-mm-Objektiv vor einer Kleinbild-Spiegelreflexkamera. In Verbindung mit einer bodennahen Perspektive erzielte ich den Effekt, den ich beabsichtigt hatte [1].

Das fertige Bild ist ein gutes Beispiel für eine Bildmanipulation, die bereits beim Aufnehmen beginnt und mit der digitalen Bearbeitung vollendet wird. Ich schraubte einen Skylight-Filter vor das Objektiv, schmierte ihn mit Vaseline ein und testete mit dem Tiefenschärfeknopf den Effekt durch den Sucher.

Außerdem setzte ich einen abgestuften Blaufilter ein, um die Farbsättigung des Himmels zu erhöhen.

Bearbeiten

Nachdem ich das Bild bei 2.700 ppi gescannt hatte, regulierte ich die mittleren Farbtöne mit Reglern und Gradationskurven. Nachdem ich den gewünschten Effekt erzielt hatte, fügte ich Gelb und Rot mithilfe der Farbbalance-Regler hinzu [Bild>Einstellen>-Farbbalance], um die Farben des Bildes etwas wärmer zu machen und den Eindruck eines Abendlichtes zu erzeugen.

Schließlich verstärkte ich noch die Körnung des Bildes mit dem Körnungsfilter [Filter>Strukturierungsfilter>Körnung]. In diesem Dialogfeld finden sich zahlreiche Körnungsarten: zum Beispiel regelmäßig, klumpig oder getupft. All diese Filter können in ihrer Intensität variiert werden [2].

Ausgeben

Dieses Bild verkauft sich sehr gut über meine Web-Site, gedruckt mit einem Tintenstrahldrucker auf fein strukturiertem Kunstdruck-papier. Nachdem ich für den Ausdruck die Bildgröße verändert hatte, wendete ich noch die Unschärfemaske an, um die Körnung zu betonen.

2

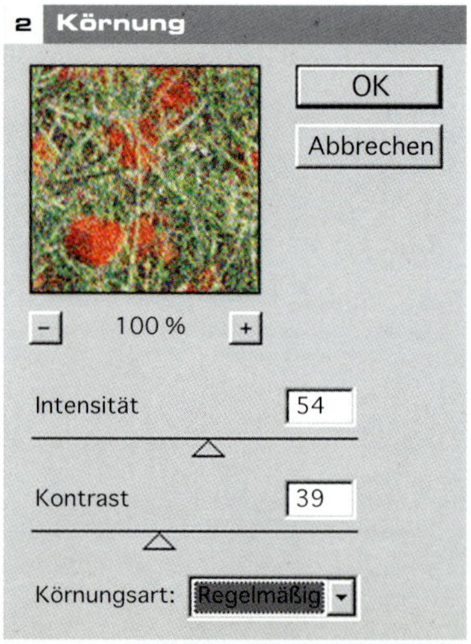

1/ Das «rohe» Bild ohne Gebrauch eines Filters.

2/ Nach Anwendung des Körnungs-Filters in Photoshop.

1

Aufnehmen

Ich nahm das Bild auf Farbdiafilm im Gegenlicht auf, was einen schönen Hintergrund-Beleuchtungseffekt auf den Blüten ergab. Ich scannte es bei 2.000 ppi, was eine 18 MB große Datei ergab [1].

Kreative Landschaften

Bei manchen Gelegenheiten ist es unmöglich, sich einen Effekt vorzustellen, bevor man ihn tatsächlich angewendet hat, und es bleibt einem nichts anderes übrig, als auf dem Bildschirm mit dem Filter zu experimentieren. In diesem Falle wurde eine sehr schöne fotografische Studie von blühenden Kirschbäumen im Frühling von Walter Spaeth manipuliert.

«Dieses Frühlingsbild von Kirschbäumen gefiel mir sehr gut, aber ich hatte das Gefühl, dass eine digitale Bildverarbeitung eine andere Version des Bildes mit einer völlig unterschiedlichen Wirkung produzieren könnte.»

2 Kanalmixer

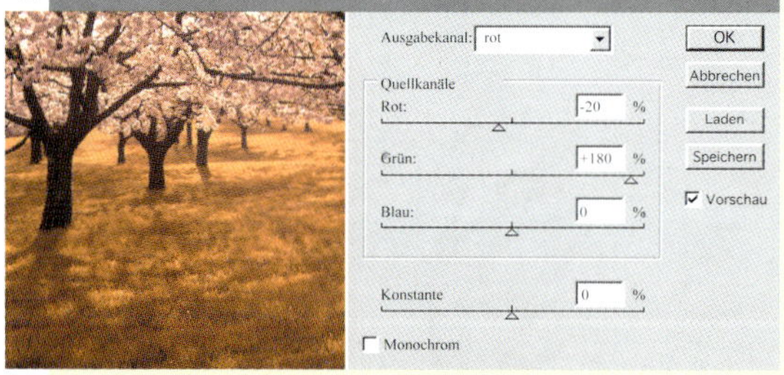

3 Bewegungsunschärfe

4 Helligkeit / Kontrast

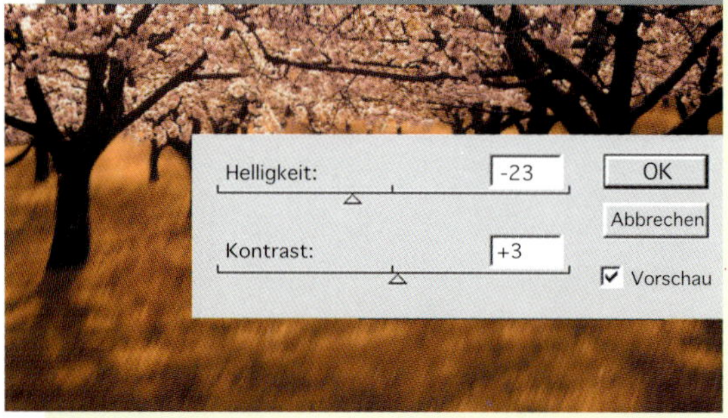

Bearbeiten

Ich verwendete den Kanalmixer [Bild>Einstellen] in Adobe Photoshop, um eine interessante Farbvariante des Bildes zu erstellen. Der Kanalmixer ist ein interessantes Werkzeug, das man beispielsweise in Photoshop und PaintShop Pro findet. Damit kann man die Farben einzelner Farbkanäle verändern und sie dann neu mischen. In diesem Fall wurden die Werte der Rot- und Grün-Kanäle verändert, um eine Sepia-Tönung zu erreichen [2].

Nachdem ich die gewünschte Farbe erzielt hatte, setzte ich das Lasso-Werkzeug ein, um die Baumstämme und den umgebenden Boden auszuwählen. Anschließend wendete ich den Filter «Bewegungsunschärfe» an, um das Gras um die Bäume herum unscharf zu machen [3]. Schließlich, nachdem ich den gewünschten Effekt erreicht hatte, dunkelte ich das ganze Bild mit den Helligkeits- und Kontrastreglern etwas ab, um ihm einen melancholischeren Eindruck zu verleihen [4].

Ausgeben

Ich brauchte einen Ausdruck in hoher Qualität zum Einrahmen, also druckte ich das Bild im Format DIN A3 auf Tintenstrahldruckerpapier mit Oberflächenstruktur aus. Außerdem erstellte ich eine Version des Bildes in geringerer Auflösung für meine Web-Site.

1/ Das ursprüngliche Bild der Kirschbäume im Frühling.

2/ Der Kanalmixer in Photoshop ermöglicht es, Farben zu verändern und zu mischen, um interessante Effekte zu erzielen.

3/ Der Filter «Bewegungsunschärfe» in Photoshop wurde eingesetzt, um das Element Bewegung in das Bild einzuführen.

4/ Der fertige Effekt wurde verstärkt durch die Einstellung von Helligkeit und Kontrast des Bildes.

! Kanalmixer – Probieren Sie dieses Werkzeug an verschiedenen Arten von Bildern aus. Es ist schwierig, die Ergebnisse vorherzusehen.

1

2

1/ Das ursprüngliche Bild.

2/ Das bearbeitete Bild.

Masken

Ein weiteres Beispiel für die gelungene Verstärkung der Atmosphäre durch digitale Bildbearbeitung ist dieses Bild eines Waldes, *Grüner Nebel* von Walter Spaeth. Die ursprüngliche Fotografie hatte aufgrund der Kombination von Gegenlicht und Nebel eine reizvolle luftige Perspektive, doch es fehlte an einem signifikanten Blickfang.

Aufnehmen

Ich fotografierte diese Waldszene sehr früh am Morgen auf Kleinbild-Diafilm mit einem 28mm-Weitwinkel. Ich scannte das Bild in einem Filmscanner mit einer Auflösung von 2.000 ppi, was eine Dateigröße von 18 MB ergab, in der Absicht, einen A3-Druck zu erstellen.

3/ Der Vordergrund, ausgewählt mit dem Lasso-Werkzeug.

4/ Der Farbe des Vordergrundes wurde mit dem Dialogfeld «Variationen» ein wärmerer Ton verliehen.

5/ Das Bild im Maskierungsmodus. Sie können jetzt mit einem Pinsel in ausgewählten Bereichen arbeiten. Der Maskierungsmodus wird durch die entsprechende Taste am unteren Ende der Werkzeugpalette aktiviert.

6/ Der Filter «Bewegungsunschärfe», auf die Bäume im Hintergrund angewendet.

7/ Die Farbe des Hintergrundes wurde mit den Reglern für Farbton/Sättigung grün eingefärbt.

8/ Mit den Helligkeits- und Kontrastreglern wurden letzte Korrekturen an der allgemeinen Balance des Bildes vorgenommen.

3 Lasso-Werkzeug

4 Variationen

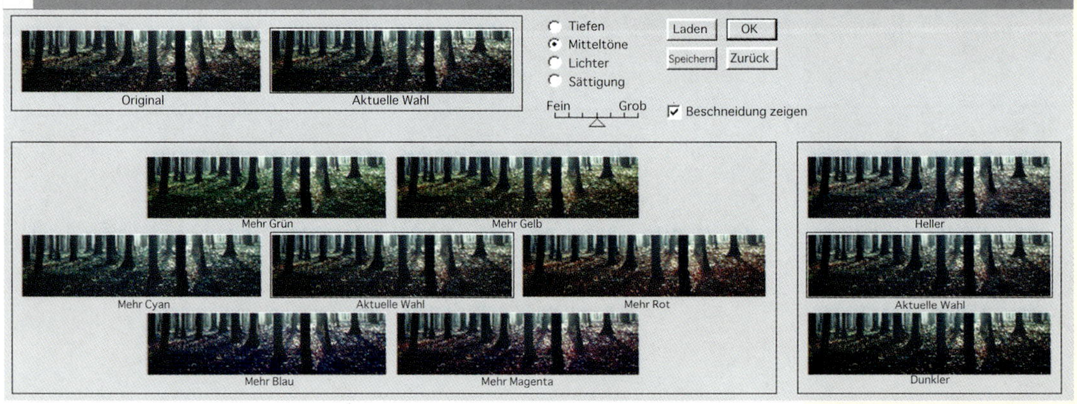

! Maskierungsmodus – Dieses Werkzeug legt eine rote Maske über ausgewählte Bereiche. Zu dieser Maske kann man durch Malen mit dem Pinsel Elemente hinzufügen und wegnehmen. Anschließend kann die Maske ausgeschaltet werden, um einen neuen Auswahlbereich freizulegen.

Bearbeiten

Mein erster Schritt im Bearbeitungsprozess war die Auswahl des Bodens unter den Bäumen mithilfe des Lasso-Werkzeuges [3]. Mithilfe des Dialogfeldes «Variationen» in Photoshop wurde dem ausgewählten Bereich durch Hinzufügen von Rot ein wärmerer Ton verliehen [4].

Als Nächstes wurde die Auswahl umgekehrt und die Option «Maskierungsmodus» aktiviert.

Nun konnten einzelne Baumstämme mit dem Pinsel behandelt werden, um sie aus den ausgewählten Bereichen zu entfernen [5].

Anschließend wurde der Maskierungsmodus wieder deaktiviert und der Filter «Bewegungsunschärfe» [Filter>Weichzeichnungsfilter>Bewegungsunschärfe] auf den Bereich hinter den Bäumen angewendet, um einen nebligen, ätherischen Effekt hinzuzufügen [6]. Ich experimentierte so lange mit den Einstellungen, bis sich eine fand, die mir gefiel.

Unter Aufrechterhaltung der Auswahl wurde die Farbe des Hintergrundes mithilfe der Einstellung von «Farbton/Sättigung» grün eingefärbt [7].

Schließlich wurde noch mithilfe der Helligkeits- und Kontrastregler das ganze Bild abgedunkelt und der Kontrast erhöht [8].

5 Maskierungsmodus

6 Bewegungsunschärfe

7 Farbton/Sättigung

8 Helligkeit & Kontrast

Ausgeben

Das Bild sollte als Teil einer Serie *Waldstimmungen* ausgedruckt werden. Ich druckte es im Format A3 auf einem Tintenstrahldrucker von der TIFF-Endversion. Eine zweite JPEG-Version erstellte ich für meine Web-Site.

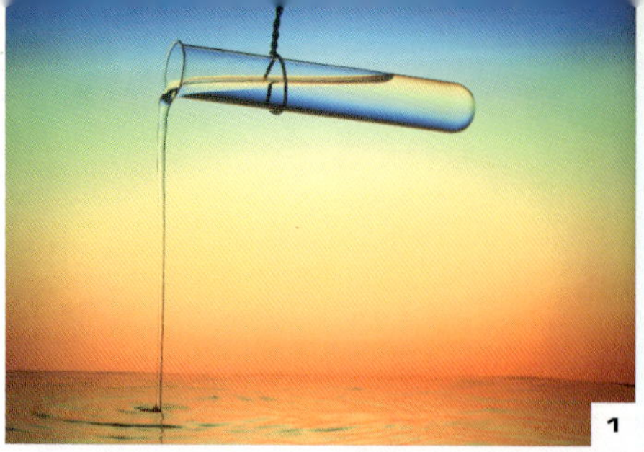

1

Retusche für Spezialeffekte

Das Ziel des Einsatzes von Spezialeffekten in der Fotografie – sowohl beim Einzelbild als auch bei bewegten Bildern – ist die Erzeugung einer optischen Illusion. Durch die digitale Bildverarbeitung ist es viel leichter geworden, Bilder zu erzeugen, die das Auge täuschen und Gegenstände in unmögliche Zusammenhänge stellen.

Aufnehmen

Ray Grover hatte keine Probleme, dieses Bild zusammenzustellen. Das Reagenzglas wurde über eine Wasserschüssel gehängt und ein vielfarbiger Hintergrund dahinter projiziert. Ray machte mehrere Aufnahmen, um sicherzustellen, dass er einen guten Welleneffekt im Wasser hatte. Er verwendete eine Drei-Megapixel-Digitalkamera in der feinsten Einstellung für höchste Qualität. Zur Aufstellung des Motivs wurden separate Elektronenblitze eingesetzt [1].

Bearbeiten

Die verblüffende Wirkung dieses Bildes liegt an der Vorspiegelung der Tatsache, dass das Reagenzglas in der Luft schwebt. Um diesen Effekt zu erzielen, musste Ray die Drahtaufhängung des Glases retuschieren.

Dazu verwendete Ray das Kopierpinsel-Werkzeug in PaintShop Pro und ersetzte vorsichtig den Draht durch die entsprechende Form und Farbe des Hintergrundes. Er wählte einen Pinsel mit weichen Kanten, etwas breiter als die Dicke des Drahtes [2]. Das Werkzeug wurde direkt neben den Draht platziert und die rechte Maustaste gedrückt, um den zu kopierenden Bereich auszuwählen. Dann bewegte Ray das Werkzeug über den Draht und klickte die linke Maustaste, um den Draht mit Farben und Mustern des Ausgangsbereiches zu übermalen. Dabei zeigt ein Kreuz den Ausgangsbereich an.

Ausgeben

Das Bild wurde für die Ausstellung eines Fotoklubs angefertigt und auf einem Tintenstrahldrucker ausgedruckt. Das Format war auf 30 x 25 cm festgelegt, was bei einer Auflösung von 200 ppi eine Dateigröße von etwa 14 MB ergab.

2

1/ Das ursprüngliche Bild zeigt die Aufhängung des Reagenzglases.

2/ Ray wählte einen weichen Pinsel aus dem Kopierpinsel-Dialogfeld, der etwas breiter war als die Breite des Drahtes. Er setzte den Kopierpinsel ein, um den Draht mit den Farben und Mustern des Ausgangsbereiches zu übermalen.

! Vergrößern Sie die Bildschirmansicht mit dem Zoom-Werkzeug, damit Sie auch feine Details kopieren können [2].

Aufnehmen

Das ursprüngliche Bild von Daniel Lai wurde auf Kleinbild-Diafilm fotografiert und mit 2.700 ppi gescannt, in der Absicht, einen Ausdruck in A3 anzufertigen [1]

Ausgeben

Ich druckte das Bild im Format A3 auf einem Tintenstrahldrucker aus, wobei ich spezielles Kunstdruckpapier verwendete, und fertigte eine Version in geringer Auflösung mit 72 ppi für meine Web-Site an.

Malerische Effekte

Bearbeiten

«Übermäßig scharfe Fotografien können mich bisweilen langweilen und frustrieren. Deshalb versuche ich die Konventionen zu sprengen und etwas wirklich Neues zu schaffen. Ein Jahr nach einer Italienreise sah ich eine Anzeige in einem Fotomagazin. Es wurde ein neues Objektiv vorgestellt, das teils scharfe, teils unscharfe Bilder herstellen konnte. Eines der Beispiele war ein Bild von Venedig, das durch seine Weichzeichnung einen sehr malerischen Eindruck machte. Der Effekt gefiel mir sofort, und ich kramte ein altes Foto von Venedig hervor. Ich schnitt das Werbefoto aus dem Magazin aus, hängte es an meinen Monitor und begann mein Foto zu bearbeiten, in der Hoffnung, die malerische Weichzeichnung imitieren zu können.»

! Kanäle – Die meisten farbigen Bilder bestehen aus drei Kanälen: Rot, Grün und Blau. Wie Sie in diesem Beispiel sehen, können Sie in jedem dieser Kanäle Änderungen vornehmen und damit interessante Effekte erzeugen. Wie Daniel Lai in seinem Kommentar sagt, werden Sie reichlich experimentieren müssen, um zu sehen, womit Sie den gewünschten Effekt genau erzielen können.

2 Farbton / Sättigung

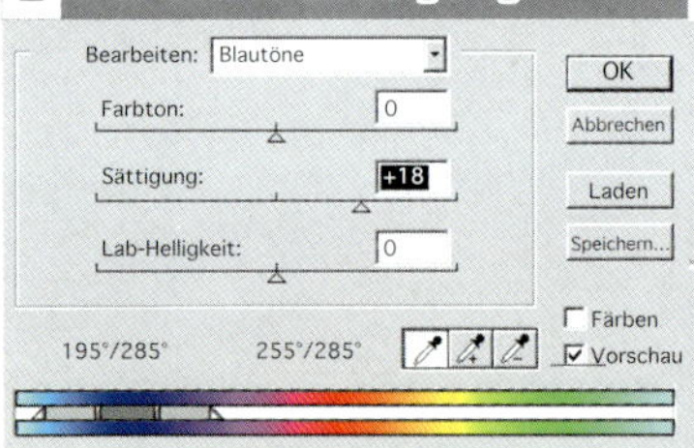

Zunächst veränderte ich die gesamte Farbbalance des Bildes und erhöhte die Sättigung der Blautöne bei den Gondeln mithilfe der Farbton/Sättigungsregler [Bild>Einstellen>Farbton/Sättigung] [2]. Dann veränderte ich die allgemeine Farbbalance und Tonalität des Bildes, bis ich zufrieden war.

Als Nächstes öffnete ich die Kanäle-Palette in Photoshop [Fenster>Kanäle einblenden] und klickte auf den Grün-Kanal [3]. Daraufhin wendete ich den Gaußschen Weichzeichner an [Filter>Weichzeichnungsfilter>Gaußscher Weichzeichner], womit ich lediglich die Grüntöne unscharf machte [4]. Außerdem wendete ich den Filter «Weiches Licht» [Filter>Verzerrungsfilter>Weiches Licht] an [5].

Als Nächstes wählte ich den Blau-Kanal und wendete «Bewegungsunschärfe» an [Filter>Weichzeichnungsfilter>Bewegungsunschärfe] [6]. Schließlich nahm ich noch einige Veränderungen in der Tonwert- und Farb-Balance vor.

3 Kanäle-Palette

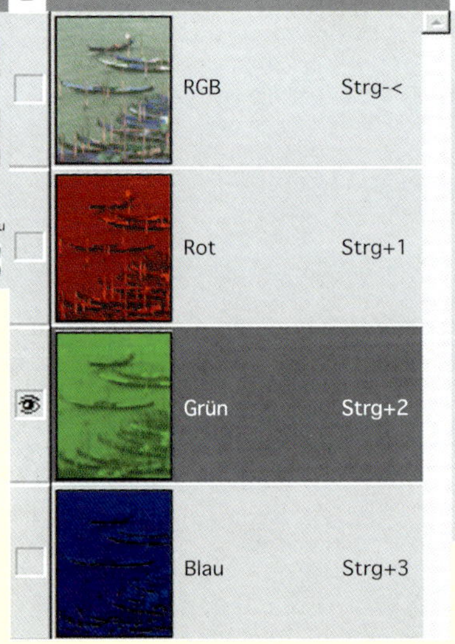

4 Gaußscher Weichzeichner

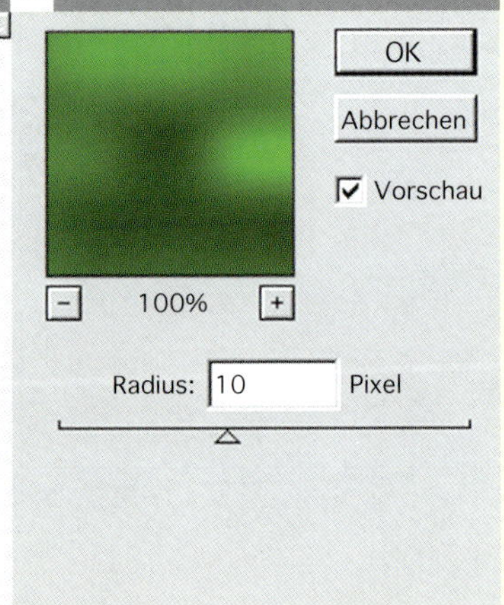

5 Weiches Licht

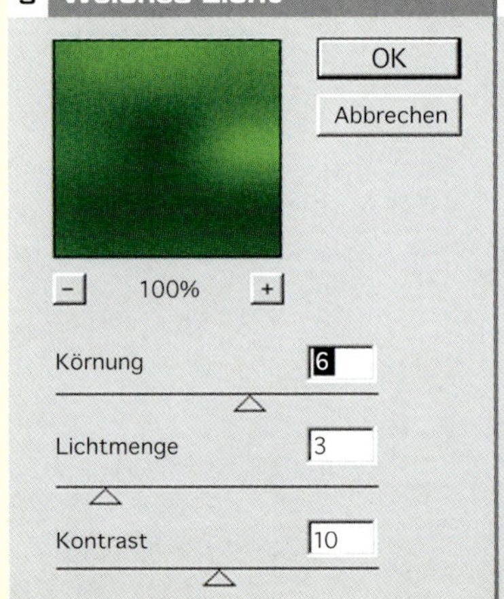

6 Bewegungsunschärfe

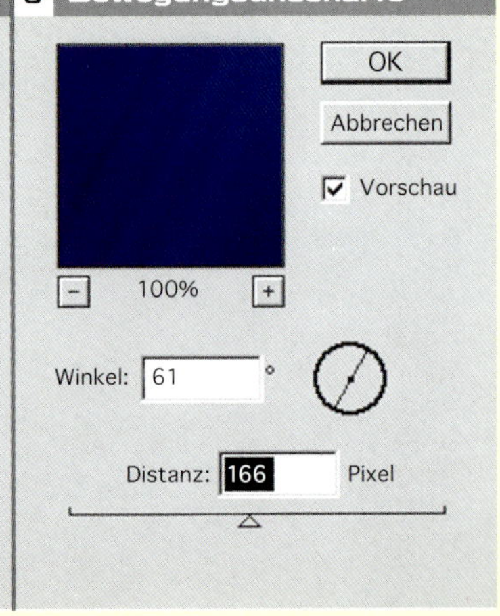

1/ Die ursprüngliche Fotografie von Venedig.

2/ Das Verändern der allgemeinen Farbbalance des Bildes durch Erhöhung der Farbsättigung der Blautöne bei der Gondel mithilfe der Einstellung «Farbton/Sättigung».

3/ Die Kanäle-Palette in Photoshop mit ausgewähltem Grün-Kanal.

4/ Der Filter «Gaußscher Weichzeichner», ausschließlich auf den Grün-Kanal angewendet. Sie können für jeden Kanal Änderungen vornehmen oder einen neuen Kanal erzeugen, um interessante Effekte zu erzielen.

5/ Der Filter «Weiches Licht», ebenfalls auf den Grün-Kanal angewendet.

6/ Der Filter «Bewegungsunschärfe», angewendet auf den Blau-Kanal.

1 Dieses Bild von Jon Bower wurde während der dunklen Wintermonate 2001 fotografiert.

Solarisieren

Eine der Anwendungen der digitalen Bildverarbeitung besteht darin, trüben und langweiligen Fotos neues Leben einzuhauchen. Die meisten Programme verfügen über ein breites Spektrum von Filtereffekten sowie Einstellmöglichkeiten für Farben, Helligkeit und Kontrast, die, kombiniert eingesetzt, zu interessanten Resultaten führen können.

Der Trick besteht darin, diese Effekte sparsam einzusetzen und das richtige Bild auszusuchen, damit die Effekte die Bildwirkung erhöhen, statt selbst zum Bild zu werden.

! Die Solarisation ist eine alte fotografische Technik, um fotografisches Material während der Entwicklung stellenweise mit einem Schleiereffekt zu versehen. Ein Teil des Bildes wird zum Negativ, während der andere positiv bleibt. Ein ähnlicher Effekt kann mithilfe der Gradationskurven in Photoshop [3] und in anderen Programmen erzielt werden. Versuchen Sie, mit der Kurvenform zu experimentieren, um interessante Effekte zu erzielen.

Aufnehmen

Ich war zu dieser Zeit mit meiner Frau in London, und wir logierten in einem Hotel in der Nähe des «London Eye», eines gigantischen Riesenrades. Obwohl das Fotografieren nicht der eigentliche Zweck unserer Reise war, hatte ich meine Ausrüstung dabei, wie immer, für den Fall der Fälle.

Mir schwebte vor, ein Bild vom Riesenrad zu machen, das sich stark von den recht langweiligen kommerziellen Bildern, die ich in der Vergangenheit vom «London Eye» gesehen hatte, abhob.

Als wir ankamen, war das Wetter klar und sonnig, also planten wir, am nächsten Morgen bereits vor Sonnenaufgang aufzustehen, um ein paar idyllische Fotos vom Sonnenaufgang zu machen. Als wir uns dann jedoch zu früher Stunde aus dem Bett quälten, wurde dieser Plan sofort wieder begraben. Der Himmel war düster wie Blei, und es regnete in Strömen. Kein viel versprechender Tag zum Fotografieren, doch ich war entschlossen, etwas daraus zu machen.

Ein Vorteil der Jahreszeit und des Wetters war die Abwesenheit von Touristenscharen. Niemand, außer einem hartgesottenen Fotografen oder Stadtwanderer, würde sich zu dieser absurden Zeit hierher verirren. Ich wusste, dass das Riesenrad auch in diesem Licht einen starken Eindruck machen würde, dass es für eine gute Komposition jedoch noch etwas anderes bräuchte. Ich war mir sicher, dass eine einsame Gestalt, deren Bild sich auf dem glatten, nassen Asphalt widerspiegelt, genau das war, was ich brauchte. Natürlich dauerte es eine geschlagene Stunde, bevor sich jemand die Ehre gab. Als dann endlich jener frühmorgendliche Masochist auftauchte, schoss ich eine Reihe von Bildern schnell hintereinander und schleppte mich anschließend zu einem stark verspäteten englischen Frühstück.

Im Labor bestand der nächste Schritt darin, den Film bei 4.000 ppi in einem 35-mm-Filmscanner zu scannen [1].

2 Solarisationsfilter

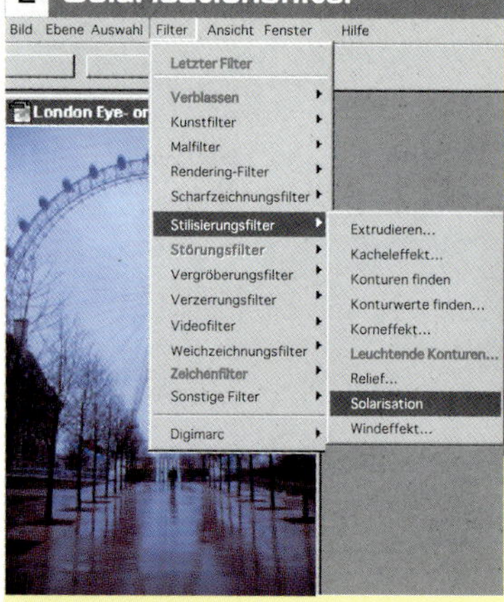

3 Gradationskurven

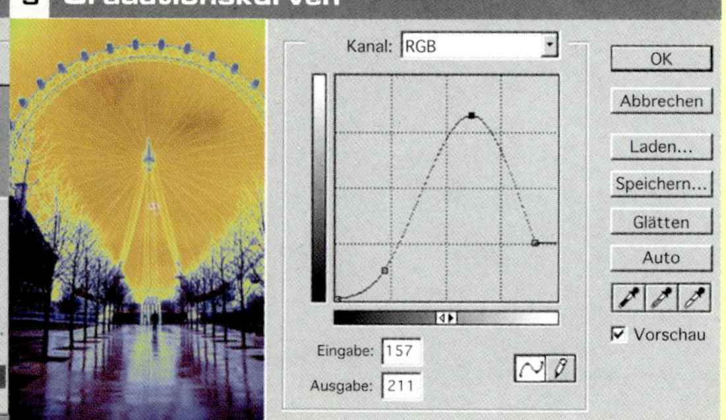

1/ Das ursprüngliche Foto, an einem regnerischen Tag auf Film fotografiert, ergab ein trübes Bild mit einem langweiligen Himmel.

2/ Der Solarisationsfilter in Adobe Photoshop findet sich unter den Stilisierungsfiltern.

3/ Mithilfe der einstellbaren Kurvendarstellungen in Adobe Photoshop lässt sich ein Solarisationseffekt erzielen.

Bearbeiten

Ich probierte verschiedene Bearbeitungsmöglichkeiten in Adobe Photoshop aus, einschließlich der Umkehrung der Farbtöne, die eine Negativversion des Bildes erstellt, und der Veränderung verschiedener Einstellungen unter «Farbton/Sättigung». Die beste Möglichkeit schien jedoch am Ende darin zu bestehen, das Bild zu solarisieren [Filter>Stilisierungsfilter>Solarisation] [2]. Obwohl dieser Filter keine Einstellmöglichkeiten besitzt, erzeugt er die Art von Effekt, die ich beabsichtigte. Nach Anwendung des Filters regelte ich noch Helligkeit und Kontrast nach, bis ich einen dunklen Himmel und einen hellen Vordergrund hatte.

Ausgeben

Ich schickte das Bild als 72 MB große Datei an mein Bildarchiv. Die meisten Bildarchive verlangen Dateien mit 48 MB Mindestgröße, um alle Reproduktionsgrößen abdecken zu können. Sie sollten daher Ihre Bilder in eine größtmögliche Datei scannen für den Fall, dass das Bild beschnitten werden muss. Ich verwendete keine Schärfefilter, da Bilder häufig vor dem Abdruck in Magazinen und Büchern schärfebehandelt werden.

1

Aufnehmen

Ich nahm dieses Bild der Skyline von Vancouver von einem Schiff aus auf. Wie erwartet, ergab sich nicht viel mehr als ein mittelmäßiger Schnappschuss, doch ich wollte daraus ein Bild der Skyline von Vancouver machen, wie man sie vom Meer aus an einem sehr stürmischen Tag sieht [1].

! Wenn man bei der Bearbeitung eines Bildes eine Reihe von Effektfiltern nutzt und andere Veränderungen vornimmt, empfiehlt es sich, die verschiedenen Zustände als getrennte Dateien zu speichern – «Sturm, Weichzeichnung 1», «Sturm – Diffusion» etc. Dies gestattet es Ihnen, die verschiedenen Stadien des Bildes zu vergleichen und zu entscheiden, welches Ihnen am besten gefällt. Später, am Ende des Bearbeitungsprozesses, können Sie dann den «Ausschuss» löschen.

Atmosphäre erzeugen

Manchmal braucht es zum Erzielen eines bestimmten Effektes langwieriger Experimente und einer großen Anzahl verschiedener Techniken und Filter. Dieses Bild von Daniel Lai ist eine einfache, fast alltägliche Ansicht der Skyline von Vancouver, Kanada, die in ihrer bearbeiteten Form einen Sturm heraufzubeschwören scheint.

«Mit herkömmlicher Fotografie wäre dieses Bild nicht möglich gewesen. Die bewegten Wolken hätten ein Stativ und eine lange Belichtungszeit erfordert, was hier ausgeschlossen war. Die großartige Wirkung dieses Bildes besteht für mich darin, dass die Elemente, die während der Aufnahme des Fotos vorhanden waren, digital rekreiert wurden: die vom Wind getriebenen Wolken und das diffuse Licht. Die unscharfen Kanten der Gebäude gegen den Himmel – Resultat der Anwendung des Bewegungsunschärfe-Filters auf die ausgewählten Bildpunkte – verleihen dem Bild einen weichen Charakter, den man häufig an einem solchen Regentag wahrnehmen kann. Das diffuse Licht und die Körnigkeit des Bildes verstärken diesen Eindruck noch.»

2 Tonwertkorrektur

3 Bewegungsunschärfe

4 Beleuchtungseffekte

5 Tonwertkorrektur

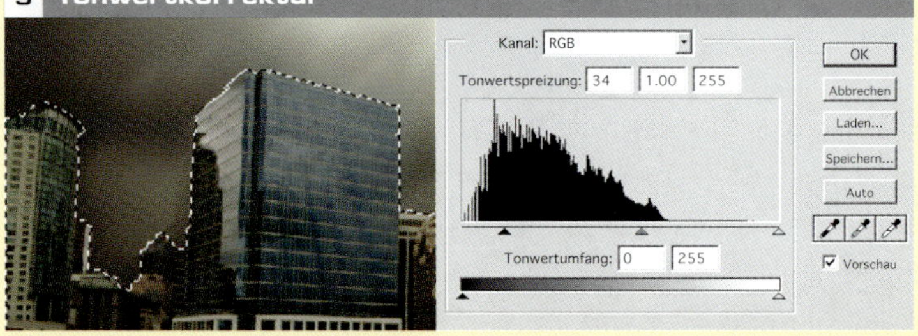

1/ Das ursprüngliche Bild.

2/ Die Farbtöne des Himmels wurden mit dem Befehl «Tonwertkorrektur» verändert.

3/ Der Himmel blieb ausgewählt, und der Filter «Bewegungsunschärfe» wurde angewendet.

4/ Der Beleuchtungseffekt «Diffuses Licht» wurde mit gelber Farbe eingesetzt.

5/ Die Auswahl wurde umgekehrt, sodass die untere Hälfte des Bildes ausgewählt war, und die Tonwerte wurden mit der Tonwertkorrektur angepasst.

Bearbeiten

Mit Adobe Photoshop wählte ich den Bereich des Himmels mit dem Zauberstab-Werkzeug aus. [Ich hätte auch das Polygon-Lasso-Werkzeug nehmen können.] Mithilfe der Tonwertkorrektur veränderte ich die Farbtöne [2]. Ich verschob das linke Dreieck, um den Himmel zu verdunkeln und ihm mehr Kontrast zu geben. Die Auswahl des Himmels behielt ich bei und wendete den Filter «Bewegungsunschärfe» an [3]. Als Nächstes nahm ich den Filter «Beleuchtungseffekte» [Filter>Rendering-Filter>Beleuchtungseffekte], wobei ich mich nach Herumprobieren mit anderen Optionen für weiches diffuses Licht mit gelber Farbe entschied [4].

Ich kehrte die Auswahl um, sodass nun die untere Bildhälfte ausgewählt war, und nahm eine Tonwertkorrektur vor [5]. Ich erhöhte den Kontrast mit den Reglern für Helligkeit und Kontrast.

Schließlich wendete ich den Filter «Weiches Licht» an [Filter>Verzerrungsfilter>Weiches Licht] [6], wodurch das Bild einen strahlenden Effekt erhielt. Ich merkte, dass ich den Kontrast nochmals erhöhen musste, um den Verlust durch den Diffusionsfilter auszugleichen.

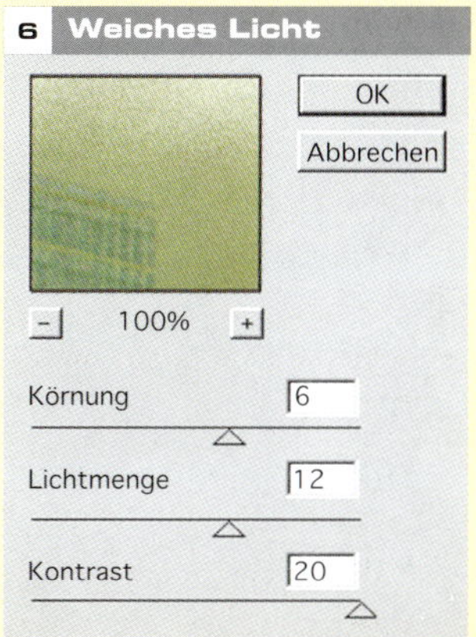

Ausgeben

Ich fertigte auf einem Tintenstrahldrucker einen Ausdruck im Format A3 auf Kunstdruckpapier an und rahmte das Bild in einem modernen Metallrahmen. Eine zweite Kopie sicherte ich mit der Auflösung von 72 ppi für meine Web-Site.

Panoramabilder

Aufnehmen

Die traditionelle Methode, ein Panoramabild herzustellen, besteht darin, eine Serie von Fotografien an den Kanten zusammenzumontieren. Dies führt unweigerlich zu recht unvollkommenen Resultaten. Die digitale Bildverarbeitung hat diese Aufgabe sehr erleichtert und kann nahtlose Panoramabilder erzeugen, mit speziellen Softwareprogrammen wie der «Stitch»-Option der Platinum-Version von MGI PhotoSuite 4 oder der Photomerge-Funktion von Photoshop Elements. Der Grundgedanke dabei ist, eine Serie überlappender Bilder zu erstellen, die nahtlos aneinander gefügt werden können.

Ich hatte dieses Bild seit ein paar Jahren geplant und wartete nur auf die richtige Zeit und den richtigen Ort. Ich schaute mich ausführlich in einer Region namens Bluebell Wood um, um eine Stelle zu finden, bei der alle Elemente etwas Interessantes hatten. Eine erste Ansicht wurde verworfen, weil der Boden abschüssig war und ich dies durch das Objektiv nicht gesehen hatte. Ich verwendete eine digitale Kamera mit Zoom-Objektiv in Weitwinkelstellung.

Verwenden Sie immer ein Stativ, um die Kamera absolut horizontal zu halten. Einige Stative verfügen über eine Gradeinteilung, was es leicht macht, die Kamera auszurichten. Verwenden Sie eine Wasserwaage.

Die meiste Software funktioniert am besten, wenn die Bilder sich um etwa 30 Prozent überlappen. Wenn Sie also ein volles 360-Grad-Panoramabild erstellen wollen, brauchen Sie 12 bis 18 Bilder, je nachdem, welche Brennweite Ihr Objektiv hat.

1/ Die Photomerge-Funktion in Photoshop Elements. Ich lud die Bilddateien (Quelldateien) in der richtigen Reihenfolge und gab den Befehl ein, die Bilder zu verschmelzen.

2/ Das Photomerge-Dialogfeld zeigt zwei überlappende Bilder und bietet die Möglichkeit, durch das Panorama zu navigieren.

3/ Die Software sucht Gemeinsamkeiten in den Bildern und fügt sie an den betreffenden Stellen zusammen.

4/ Die beiden verschmolzenen Bilder.

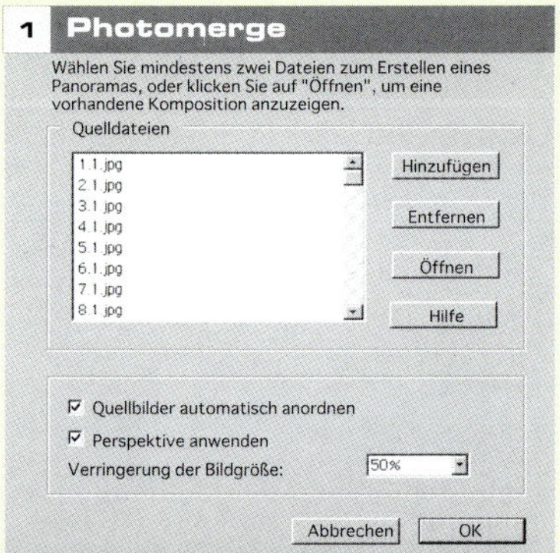

Bearbeiten

Die Funktion «Photomerge» in Photoshop Elements empfiehlt, dass die verwendeten Bilddateien nicht größer als 2 MB sind. Da ich sie auf einer Drei-Megapixel-Kamera fotografiert hatte, musste ich die Bildgröße verringern. Ich lud die Einzelbilder in der richtigen Reihenfolge in die Software [1] und klickte OK. Die Software lädt die Bilder und versucht sie automatisch zu verbinden, indem sie nach gemeinsamen Merkmalen sucht, an denen sie die Bilder ausrichten kann [3]. Falls dies nicht möglich ist, weist ein Dialogfeld darauf hin. Sie können dann die Bilder manuell ausrichten, indem Sie sie übereinander ziehen. Der überlappende Bereich erscheint als eine Art Geisterbild und gestattet es, Bildelemente aneinander auszurichten [4]. Die kleine Diskrepanz, die häufig am oberen oder unteren Ende des endgültigen Bildes entsteht, kann anschließend beschnitten werden. Da die ursprünglichen Bilder als JPEG gespeichert wurden, war es wichtig, sie nicht noch einmal zu komprimieren. Also speicherte ich das endgültige Bild als TIFF-Datei.

3 Automatische Ausrichtung

4 Zwei miteinander verbundene Bilder

Ausgeben

Panoramabilder können ausgedruckt oder auf Computermonitoren mit einem interaktiven Programm betrachtet werden, das es ermöglicht, das gesamte Panorama zu durchwandern.

Für den Ausdruck gibt es spezielles Papier im Panoramaformat [148,5 x 420 mm], obwohl man auch ein Papier im Format A3 oder A2 zurechtschneiden kann. Das fertige Panoramabild ist 46 mal 400 Millimeter groß und wurde bei einer Auflösung von 240 ppi auf einem Tintenstrahldrucker gedruckt.

Einige Tintenstrahldrucker verfügen auch über eine Rollenpapier-Option, sodass man noch größere Panoramabilder erstellen kann.

Bilder ausgeben

! **Monochromer Ausdruck** – Bei der Verwendung der üblichen CMYK-Tintenpatronen haben monochrome Drucke häufig einen leichten Farbstich. Seit einiger Zeit gibt es besondere Tintenpatronen mit vier verschiedenen Grautönen für Graustufendrucke in hoher Qualität. Diesen Druckerpatronen kann man noch zusätzliche Farbtöne hinzufügen, um subtile Schattierungen in Sepia oder anderen Tönen zu erzeugen.

Fotos drucken

Computerdrucker arbeiten mit verschiedenen Techniken: Thermo-Farbsublimation, Thermo-Wachs, Laser und Tintenstrahl. Tintenstrahldrucker sind in den vergangenen Jahren sehr preiswert geworden und produzieren Ausdrucke, die man kaum noch von herkömmlichen Fotoabzügen unterscheiden kann. Tintenstrahldrucker können auf Papieren mit verschiedensten Oberflächen und Gewichten drucken, ebenso auf Leinwand und Büttenpapier.

Herkömmliche Tintenstrahldrucker arbeiten mit vier Farben: Cyan, Magenta, Gelb und Schwarz. Winzige Tröpfchen jeder Farbe werden mit hoher Geschwindigkeit auf die Papieroberfläche gesprüht. Tintenstrahldrucker mit «Foto»-Qualität verfügen häufig über sechs Farben: Cyan, Magenta, Gelb und Schwarz plus Hell-Magenta und Hell-Cyan. Die beiden zusätzlichen Farben erzeugen besonders feine Schattierungen, etwa bei Hauttönen.

Die Druckqualität wird durch die Bildauflösung, die Druckerauflösung sowie durch die Art des Papiers bestimmt. Die meisten Drucker geben Auflösungen zwischen 720 und 1.440 dpi an. Digitale Bilder bestehen aus Bildpunkten, Pixeln, und um jeden Bildpunkt in der richtigen Farbe und Dichte zu drucken, muss der Drucker für jeden einzelnen Bildpunkt mehrere Tintentröpfchen auf das Papier sprühen. Diese Tröpfchen können von unterschiedlicher Größe sein, doch wenn man das Bild mit Abstand betrachtet, verschmelzen die Bildpunkte zu einem kontinuierlichen Farbverlauf. Die tatsächliche Druckauflösung der meisten Tintenstrahldrucker liegt zwischen 200 und 240 Pixeln pro Inch [ppi]. Dies variiert je nach Typ des verwendeten Papiers, und es lohnt sich, mit dem eigenen Drucker verschiedene Druckmedien auszuprobieren.

1 Tintenstrahldrucker

2 Fotodrucker

3 Bildpunkte u. Tintentropfen

1/ Tintenstrahldrucker: Cyan, Magenta, Gelb = Schwarz + Rot, Grün und Blau.

2/ Fotodrucker: Rot, Grün, Blau = Weiss + Gelb, Magenta, Cyan.

3/ Ein Tintenstrahldrucker erzeugt Farbtröpfchen für jedes Pixel.

4/ Dialogfeld «Bildgröße» mit einer Auflösung in 72 ppi [Bildschirmauflösung].

5/ Dialogfeld «Bildgröße» mit einer Auflösung in 220 ppi [Druckerauflösung].

6/ Das neu berechnete Bild ergibt größere Ausdruckmaße bei 220 ppi.

7/ Druckmaße und Dateigröße – in der Tabelle sehen Sie einige Beispiele für Pixeldimensionen, ungefähre Druckmaße und Dateigröße für verschiedene Druckgrößen bei 200 ppi auf einem Tintenstrahldrucker.

! Neuberechnen Bikubisch – Durch eine Vergrößerung des Bildes mithilfe der Funktion « Bild Neuberechnen Bikubisch» können auch relativ kleine Bilder von digitalen Kompaktkameras in größerem Format ausgedruckt werden.

Bilder vorbereiten

Zur Demonstration, wie man Bildgrößen verändern kann, haben wir Adobe Photoshop verwendet. Die meisten anderen Programme, wie PaintShop Pro und Photoshop Elements, verfügen jedoch über ähnliche Funktionen. Das Dialogfeld «Bildgröße» [4] zeigt die Größe des Bildes auf dem Bildschirm sowie als Ausdruck bei einer bestimmten Auflösung an. Wenn es erstmals geöffnet wird, steht die Auflösung gewöhnlich bei 72 ppi [Auflösung der meisten Monitore]. Das Dialogfeld zeigt darüber hinaus die Dateigröße [11 MB] und die Pixelmaße [2.547 x 1.500] an. Die Größe des Ausdrucks bei dieser geringen Auflösung ist gewaltig [89,85 x 52,92 cm], jedoch ist der Drucker ohne Probleme in der Lage, mit einer weitaus höheren Auflösung als dieser zu drucken.

Der erste Schritt besteht darin, die Auflösung mit dem Drucker abzustimmen. In dem hier gezeigten Beispiel [5] ließ ich das Feld für «Neuberechnen» unangekreuzt und tippte in das Feld für Auflösung die Zahl 220 ein [die Auflösung, mit der der Drucker das Bild ausdruckt]. Beachten Sie, dass die Größe des Ausdrucks sich mit erhöhter Auflösung verringert, in diesem Fall von 89,85 x 52,92 cm auf 29,41 x 17,32 cm. Die Anzahl der Pixel bleibt dabei gleich, sie werden nur auf einen kleineren Raum zusammengedrängt, um die Auflösung zu erhöhen.

Falls Sie einen größeren Ausdruck benötigen, besteht eine weitere Möglichkeit darin, die Anzahl der Pixel des Bildes zu erhöhen [und, umgekehrt, für kleinere Ausdrucke zu verringern]. Dieser Prozess wird als «Neuberechnen» bezeichnet. Um ein Bild neu zu berechnen, klickt man «Bild neuberechnen mit» an [6]. In dem gezeigten Beispiel verdoppelte ich die Breite des Bildes von 29,41cm auf 58,82 cm. Die Anzahl der Pixel erhöht sich von 2.547 x 1.500 auf 5.090 x 3.000. Die Option «Bikubisch» ist ausgewählt, was die beste Qualität gewährleistet. Die Software erfindet oder interpoliert neue Bildpunkte mithilfe hoch komplizierter mathematischer Berechnungen. Dabei hat sich in unserem Fall die Dateigröße vervierfacht, von 11 MB auf 43,8 MB. [Die Größe des Bildes ist in beiden Richtungen – Höhe und Breite – verdoppelt worden, was die vierfache Anzahl von Bildpunkten ergibt.] Auf diese Weise können relativ kleine Bilder, beispielsweise von kompakten Digitalkameras, in großem Format ausgedruckt werden.

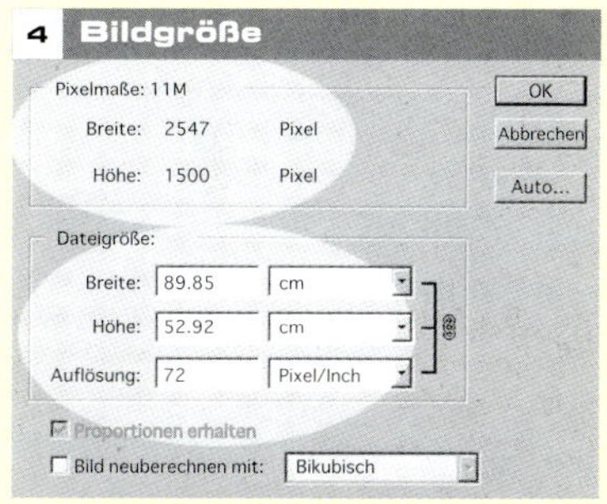

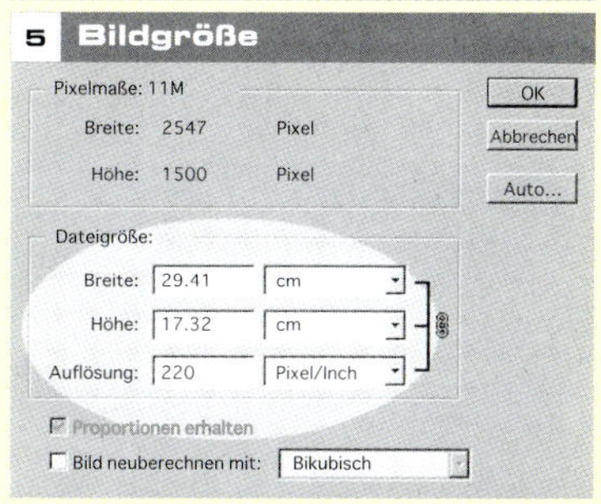

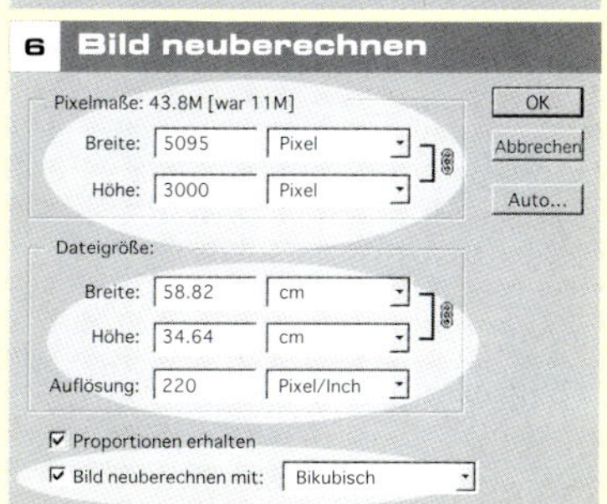

7 Druckformat und Dateigröße

Pixelmaße	800 x 1200	1600 x 2000	2400 x 3000
Druckformat cm	15 x 10	25 x 20	37.5 x 30
Dateigröße MB	2.75	9.16	20.16

! Die Drucker der verschiedenen Hersteller unterscheiden sich leicht in der Konfiguration, doch alle ermöglichen ähnliche Einstellungen wie das unten gezeigte Dialogfeld.

Drucker einrichten

! Papiersorten für Tintenstrahldrucker – Es gibt ein breites Spektrum von Papiersorten mit verschiedenen Oberflächenstrukturen und Gewichten für Tintenstrahldrucker von traditionellen hochglänzenden und matten Oberflächen bis zu Leinwand und Büttenpapieren. Es empfiehlt sich, mit verschiedenen Papiersorten zu experimentieren, um herauszufinden, was am besten zur Wirkung eines Bildes passt. Man kann sogar Kunstdruckpapiere ausprobieren, die nicht eigens für Tintenstrahldrucker hergestellt wurden. Hier kann die Tinte in den Papierfasern verlaufen, doch selbst das könnte interessant sein.

! Dokumentenechte Papiere – Ein fraglicher Bereich bei Tintenstrahldrucken ist die Langlebigkeit. Wie lange wird ein Farbausdruck halten, bevor die Farben verblassen? Dies ist ein komplexes Thema und hängt von verschiedenen Faktoren ab, wie der verwendeten Tinte oder dem Säuregehalt des Papiers. Seit einiger Zeit bieten Hersteller dokumentenechte Tinte und archivierbare Papiersorten mit einer Lebensdauer von 60 bis 80 Jahren an.

Öffnen Sie das Dialogfeld «Drucken» und wählen Sie «Einstellungen» [Manuell>Einstellungen] [1]. Auf diese Weise haben Sie Kontrolle über Papiersorten, Auflösung und so weiter.

Es ist sehr wichtig, die richtige Papiersorte auszuwählen, denn diese Einstellung bestimmt, wie viel Tinte auf die Papieroberfläche aufgetragen wird. Der Drucker sprüht weniger Tinte auf ein Hochglanzpapier als auf ein gewöhnliches Papier. In diesem Fall wurde ein schweres mattes Papier ausgewählt [2]. Anschließend wählen Sie die Druckauflösung – 720 oder 1440 dpi. [Es lohnt sich, ein paar Experimente anzustellen, denn möglicherweise sehen Sie gar keinen Unterschied zwischen 720 und 1440.] Achten Sie darauf, dass «Schnell» nicht aktiviert ist, denn diese Einstellung kann durchaus die Qualität beeinträchtigen.

Die Einstellung «Qualität» [auch gelegentlich Halbtonverfahren genannt] ist sehr wichtig. Wählen Sie «Qualität» oder «Hohe Qualität» [oder bei einigen älteren Druckern «Fehlerdiffusion»]. Dies platziert die Tintentröpfchen nach dem Zufallsprinzip statt in geraden Reihen, wodurch der Effekt des Filmkorns imitiert wird. Experimentieren Sie auch hier mit der feinsten Detaileinstellung. Möglicherweise stellen Sie fest, dass es kaum einen Unterschied macht, oder Sie bevorzugen Bilder ohne diese Einstellung.

1 Druckervoreinstellungen

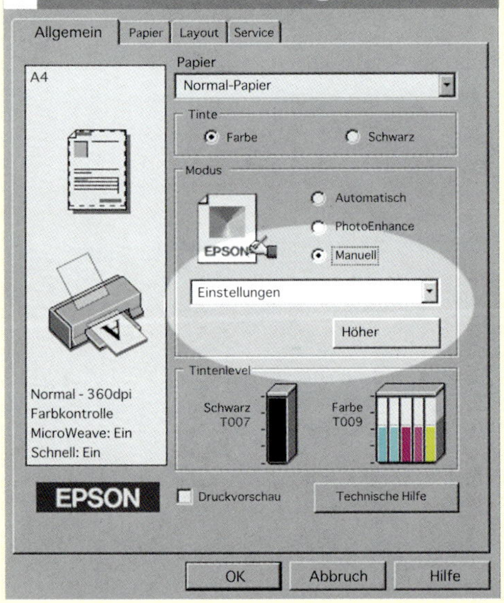

2 Benutzereinstellungen

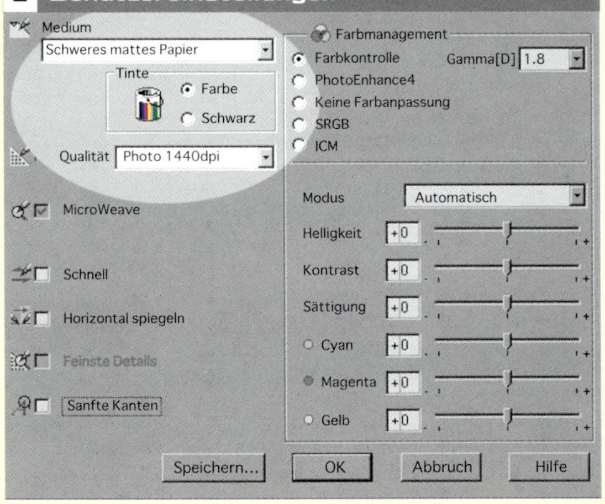

1/ Benutzerdefinierte Druckervoreinstellungen.

2/ Benutzerdefinierte Einstellungen mit Papierart und Druckqualität.

3/ Dialogfeld Arbeitsfläche in Photoshop mit der Vergrößerung der Arbeitsfläche, um eine Test-Matrix zu produzieren.

4/ Test-Matrix – ein zusammengesetztes Bild aus Original und Kopie mit angepassten Farbeinstellungen. Drucken Sie dies aus und überprüfen Sie das Ergebnis.

5/ Teststreifen – wählen Sie einen Teil eines Bildes aus und geben Sie ihm verschiedene Helligkeits-, Farb- oder andere Werte. Dies imitiert die Technik des Anfertigens von Teststreifen in der Dunkelkammer. Achten Sie darauf, dass Sie nicht einen wichtigen Teil des Bildes auslassen.

! Verschiedene Papiersorten ergeben leicht unterschiedliche Farben, deshalb sollten Sie jedes neue Papier, das Sie verwenden, testen.

Die richtige Dichte und Farbe

Das Erzielen einer Übereinstimmung von Monitor und Ausdruck ist mitunter ein sehr schwieriger und komplexer Prozess, der ein Farbmanagement erfordert, das den Rahmen dieses Buches sprengt. Sie können sich jedoch mit Teststreifen helfen – eine Technik, die dem Fotografen aus der Dunkelkammerarbeit bekannt ist.

Die einfachste Methode besteht darin, einen Bildbereich auszuwählen, ihm eine Einstellung zuzuordnen, dann einen anderen Bereich auszuwählen und diesem eine andere Einstellung zuzuordnen. Sie können beispielsweise ein und demselben Bild verschiedene Einstellungen für Helligkeit zuordnen [5].

Eine bessere Methode besteht darin, einen zusammengesetzten Druck anzufertigen. Öffnen Sie ein Bild und vergrößern Sie die Arbeitsfläche [Bild>Arbeitsfläche], um etwas mehr als das Dreifache des ausgeschnittenen Bildes [3]. Wählen Sie das Bild mit dem Auswahlrechteck aus, kopieren Sie es und fügen Sie es in die neue Arbeitsfläche ein. Verwenden Sie das Verschieben-Werkzeug, um das eingefügte Bild in die obere linke Ecke zu verschieben. Nun wiederholen Sie diesen Vorgang fünfmal, um ein Fenster zu erzeugen, in dem sich ein zentrales Bild in der Mitte und sechs weitere um das zentrale Bild herum befinden. Nun können Sie jedes einzelne Bild mit dem Auswahlrechteck auswählen und die Farb-Balance einstellen [4]. Drucken Sie das Ganze aus und vergleichen Sie es mit der Bildschirmdarstellung. Dies wird Ihnen einen guten Anhaltspunkt dafür geben, wie gut Ihr Monitor mit Ihrem Drucker übereinstimmt. Wenn Sie sich entschieden haben, welches Bild Ihnen am besten gefällt, wenden Sie die betreffende Einstellung auf das ganze Bild an und drucken Sie es aus. Sie können ähnliche Kontrollblätter für Farbdichte und Kontrast anfertigen. Wenn Sie erst einmal ein paar dieser Tests durchgeführt haben, werden Sie eine bessere Kontrolle über den Ausdruck Ihrer Bilder haben und möglicherweise keine Tests mehr benötigen.

Beim Betrachten der Bilder empfiehlt es sich, eine Maske aus schwarzem Karton anzufertigen, mit der Sie nur ein Bild auf einmal sehen. Halten Sie diese Maske über Ihr Kontrollblatt, sodass Sie jedes einzelne Bild prüfen können, ohne von den anderen Bildern auf dem Blatt abgelenkt zu sein.

3 Arbeitsfläche

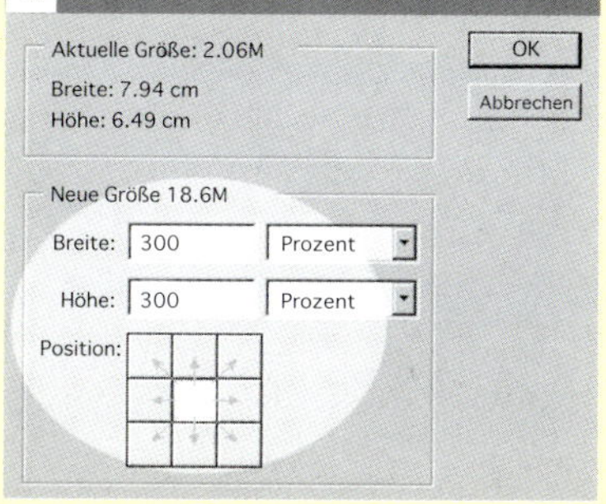

4 Anfertigen einer Test-Matrix

5 Anfertigen eines Teststreifens

Falls Sie die Absicht haben, eine große Textmenge hinzuzufügen, die Sie in einem Textverarbeitungsprogramm angefertigt haben, ist es unter Umständen angebracht, die Bilder in das Textverarbeitungsprogramm zu importieren.

Text hinzufügen

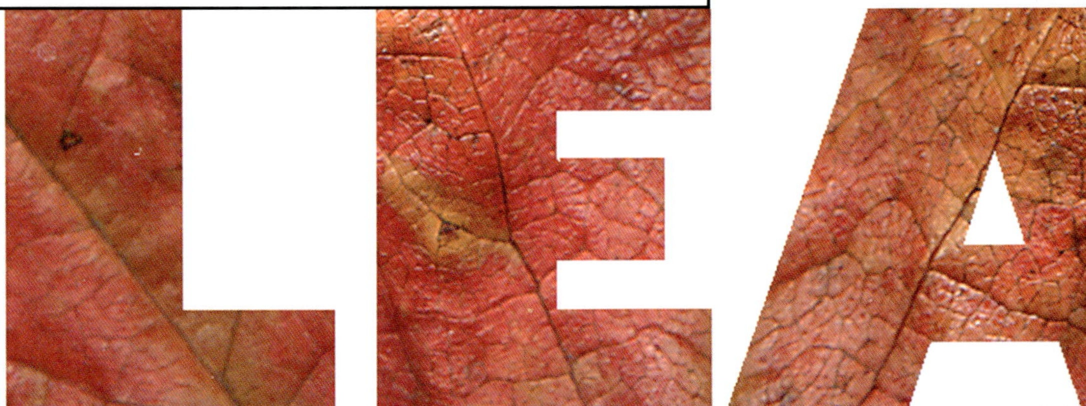

Es gibt viele Anlässe, um Bilder mit Texten zu versehen – beim Entwerfen von Glückwunschkarten oder Kalendern, Postern oder auch Lehrmaterialien. Die meisten Bildverarbeitungsprogramme verfügen über die Funktion, Text zu erzeugen. Der Text wird zum Bestandteil eines Bitmap-Bildes, das heißt, er besteht aus quadratischen Bildpunkten und weist möglicherweise abgestufte Kanten statt einer sauberen klaren Linie auf. Dieser Effekt ist als Aliasing bekannt, doch sollte dies kein allzu großes Problem sein, solange das Bild nicht zu stark vergrößert wird.

Viele Programme bieten neben der Möglichkeit, die Textgröße, den Zeichensatz [Stil] und die Farbe des Textes zu verändern, auch Mittel, um die Form des Textes zu verzerren, Schatteneffekte hinzuzufügen oder die Buchstaben mit Mustern zu füllen. Die grundlegende Technik besteht darin, die Buchstaben mit dem Zauberstab-Werkzeug auszuwählen und dann dem Text den Effekt hinzuzufügen.

1 Farbfüllung

2 Bildfüllung

1/ Die schwarze Textfarbe wurde variiert, indem sie mithilfe des Füllwerkzeuges mit blauer Farbe gefüllt wurde.

2/ Die Form des Textes kann auch mit einem anderen Bild gefüllt werden. In Photoshop Elements öffnete ich ein Bild eines Blattes, das ich gescannt hatte [siehe Seite 21], und wählte mit dem Auswahlrechteck einen rechteckigen Bereich des Bildes aus. Ich kopierte diesen Bereich und fügte mit dem Befehl «Einfügen in...» das Blatt in den ausgewählten Bereich des Textes ein.

3 Text verkrümmen

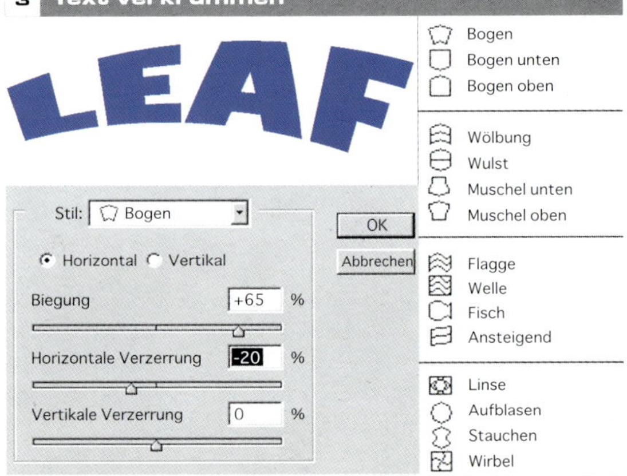

3/ Die Form des Textes kann verzerrt oder verkrümmt werden. Die Option «Bogen» wurde im Dialogfeld «Text verkrümmen» gewählt und eine relativ schwache Biegung angewendet. Mit diesem Werkzeug ist Vorsicht geboten, denn ein zu stark verbogener Text kann leicht unleserlich werden.

6/ Dieses Bild stammt aus einer Serie, die ich für einen Kalender angefertigt habe. Ich legte das Wort «Januar» über das Bild eines winterlichen Waldes. In diesem Fall wählte ich mit dem Pipetten-Werkzeug eine Farbe aus dem Bild selbst aus und wendete diese Farbe auf den Text an.

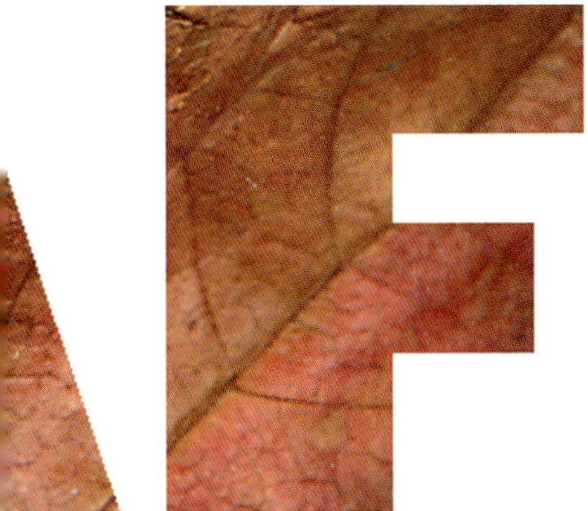

6

4 Farbverläufe

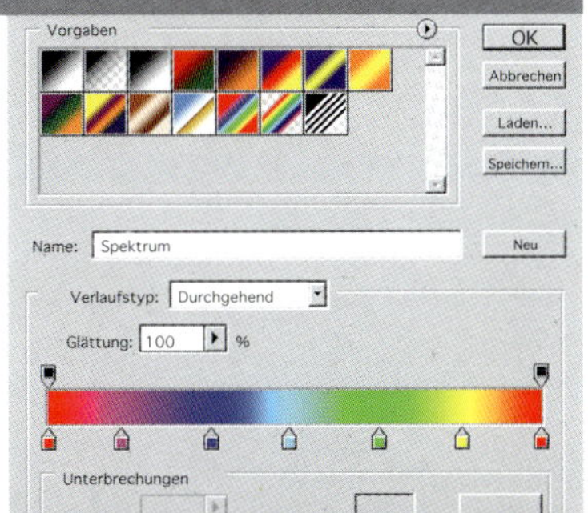

4/ Der Text kann auch mithilfe des Verlaufswerkzeuges eingefärbt werden. Hier wählte ich aus der Auswahlliste für Verläufe in Photoshop Elements die Option «Spektrum».

5 Schlagschatten

5/ Ein Schlagschatten gibt den Buchstaben eine dreidimensionale Erscheinung. In Photoshop Elements gibt es zwei Optionen: Schatten nach innen und Schatten nach außen. In anderen Programmen gibt es möglicherweise ein größeres Spektrum von Optionen.

Das zweite Beispiel zeigt den Schlagschatteneffekt in Verbindung mit gefülltem Text.

Bilder im Web

Das enorme Wachstum des World Wide Web bietet Fotografen ein neues Medium, durch das sie ihre Arbeiten ausstellen, vermarkten und vertreiben können. Wir betrachten Web-Seiten auf Computerbildschirmen, die im Vergleich zu digitalen Druckern eine relativ geringe Auflösung haben. Da Web-Seiten gewöhnlich per Modem und Telefonleitung übertragen werden, sollten Sie die Dateigrößen so gering wie möglich halten, um die Download-Zeiten zu minimieren.

1/ Die Funktion «Web-Fotogalerie» in Photoshop. Sie können damit unter anderem das Layout der Seite und den Grad der JPEG-Kompression festlegen, die für die Bildqualität entscheidend ist.

2/ Die fertige Seite, dargestellt in einem Web-Browser. Das Anklicken eines Bildes in dem linken Frame öffnet automatisch einen Link zu einer Version des Bildes mit höherer Auflösung, das im zentralen Bereich der Seite erscheint.

! Web-Seiten und HTML – Eine Web-Seite besteht aus Text, Grafiken, Fotos und sogar Tönen oder Video. HTML ist der Computercode, der die Platzierung dieser Elemente auf der Seite definiert. Web-Browser wie Netscape oder Internet Explorer entschlüsseln diesen Code und lassen die Seite auf Ihrem Monitor erscheinen.

! PC- und Macintosh-Monitore verwenden geringfügig unterschiedliche Farben, und Bilder auf Web-Seiten werden möglicherweise auf beiden nicht identisch dargestellt. Meiden Sie, wenn möglich, hochgesättigte Farben und versuchen Sie, die Bilder auf beiden Systemen zu checken. Einige Softwareprogramme, wie Adobe Photoshop, ermöglichen es, ausschließlich mit Web-sicheren Farben zu arbeiten.

Aufnehmen

Ich wollte eine Mini-Galerie mit einigen meiner Pflanzenfotografien, die ich mit digitalen Kameras aufgenommen hatte, produzieren und sie auf einer Web-Site ausstellen. Ursprünglich wählte ich sechs Bilder aus, in der Absicht, später noch mehr hinzuzufügen. Die sechs Bilder sollten alle zusammen wie auf einem Kontaktabzug sichtbar sein. Das Anklicken jedes der Bilder sollte zu einer vergrößerten Bildschirmdarstellung führen. Die ursprünglichen Aufnahmen sind mit einer 2,4-Megapixel-Spiegelreflex-Digitalkamera fotografiert. Jede der Aufnahmen hat eine Dateigröße von 5,5 MB.

Bearbeiten

Helligkeit, Kontrast und Farbe jedes einzelnen Bildes wurden so variiert, dass es auf meinem Bildschirm am besten aussah, bevor ich den Upload auf die Web-Site vornahm.

Ausgeben

Es gibt eine große Anzahl von Programmen, die eigens zum Entwerfen und Herstellen von Web-Seiten dienen. Dazu gehören Adobe PageMill, Dreamweaver und Microsoft FrontPage. Für den Anfänger empfiehlt es sich, mit einem einfachen Programm zu beginnen. Mehrere Bildverarbeitungsprogramme bieten die Option, eine Serie von Bildern in eine vorgefertigte Web-Schablone zu konvertieren. Ich entschied mich für die Option «Web-Fotogalerie» [Datei>Automatisieren>Web-Fotogalerie] in Adobe Photoshop. Dieser Befehl passt automatisch, entsprechend den gegebenen Voreinstellungen, die Bildgröße an [1]. Verschiedene Layouts sind möglich, die man am Bildschirm auswählen kann. Wählen Sie einfach den Ausgangsordner, der die Bilder enthält [achten Sie darauf, dass alle Bilder die richtige Orientierung haben], und klicken Sie auf OK. Das Programm platziert die Bilder auf einer Web-Seite, die mit der Browser-Software betrachtet werden kann. Das Anklicken der Miniaturbilder erzeugt eine vergrößerte Version in der Mitte der Darstellung. Dies ist eine sehr nützliche und zeitsparende Möglichkeit, eine einfache Web-Galerie zu erstellen [2].

1 Web-Fotogalerie

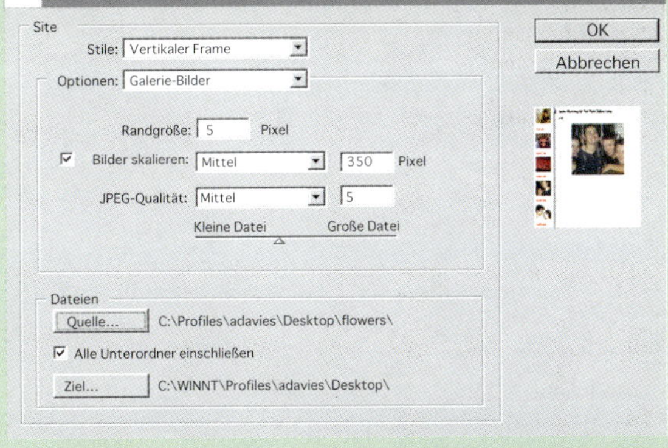

2 Fertige Web-Seite

! Für komplexere Web-Sites empfiehlt es sich, zuerst eine Skizze auf Papier anzufertigen. Skizzieren Sie die Seiten und ihre Inhalte und markieren Sie, wie sie miteinander verlinkt sind. Web-Sites können sehr umfangreich werden, deshalb ist eine gute Planung entscheidend.

3/ Das Dialogfeld «Bildgröße», mit der Höhe des Bildes bei 15,24 cm und einer Auflösung von 72 ppi.

4/ Das Dialogfeld «JPEG-Optionen», mit einstellbarer Kompressionsrate, Bildgröße und Download-Zeit bei verschiedenen Modem-Geschwindigkeiten.

3

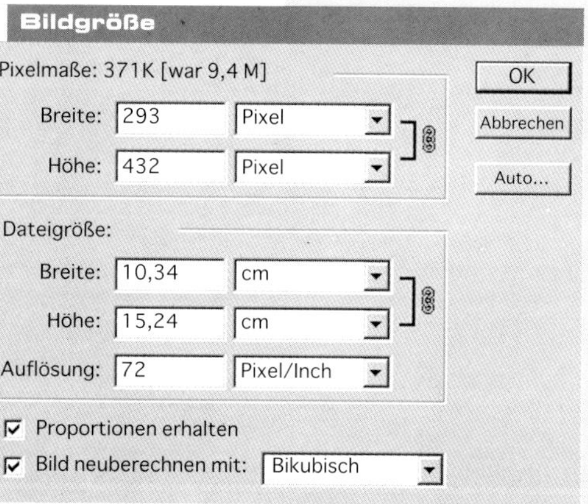

4

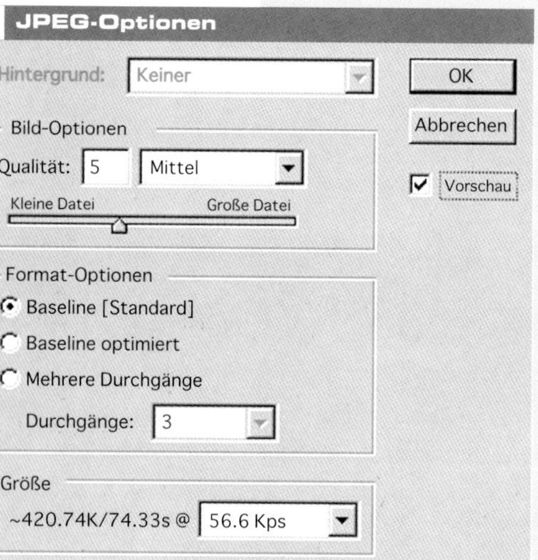

Für aufwändigere Web-Sites müssen Sie Ihre Bilder selbst vorbereiten. Der erste Schritt besteht darin, zwei Versionen der Bilder anzufertigen, eine für die Miniaturansicht in dem Kontaktbogen und eine für die höher aufgelöste Version. Da die Auflösung eines Computermonitors lediglich 72 ppi beträgt, ist dies die Bildgröße, auf die die Bilder reduziert werden. Ich verwende Programme wie Photoshop oder PaintShop Pro und passe die Bildgröße auf etwa 15 cm Höhe oder 15 cm Breite bei horizontalen Formaten an [3]. Die Miniaturansichten werden in 5 cm Größe bei 72 ppi gebracht.

Nach der Anpassung der Größe werden die Bilder mithilfe des Filters «Unscharf maskieren» aufgearbeitet. Wie erwähnt, sollten Sie die richtigen Einstellungen für Ihre Bilder durch Experimentieren herausfinden, doch hier verwendete ich die Stärke 150, den Radius 1 und den Schwellenwert bei 1.

Die Bilder speicherte ich als JPEG-Dateien, wobei man die Kompressionsrate wählen und eine Vorschau des Effektes auf dem Bildschirm sehen kann [4]. Der Trick besteht darin, Bilder herzustellen, die klein genug für einen schnellen Download sind und dennoch eine gute Qualität behalten. Ungefähre Download-Zeiten sind für verschiedene Modem-Geschwindigkeiten angegeben. Darüber hinaus können Sie wählen, wie eine Datei heruntergeladen werden soll: Standard oder progressiv. Im Standardmodus wird das Bild Zeile für Zeile sichtbar gemacht, während im progressiven Modus das Bild mit zunehmender Auflösung auf dem Bildschirm erscheint.

Der letzte Schritt bestand darin, die fertig gestellten Seiten an meinen ISP [Internet-Service-Provider] zu senden, entsprechend den Instruktionen, die mir die Firma gegeben hat. Irgendwann möchten Sie vielleicht eine Web-Site mit Ihrem Namen haben nach dem Muster «ihrname.com». Es gibt zahlreiche Firmen, die das Finden und Registrieren des Domain-Namens für Sie übernehmen. Die Registrierung eines Namens kostet eine jährliche Gebühr.

8

5/ Eine Suchfunktion auf der Seite gestattet es, nach einem bestimmten Thema zu suchen, in diesem Fall «Große Katzen».

6/ Die Such-Links nach einer Galerie mit Bildern «Großer Katzen», die man am Bildschirm betrachten oder bestellen kann.

7/ Eine Galerie-Seite von Steve Blooms Web-Site, von der man Bilder herunterladen kann.

8/ Das digital verarbeitete Bild eines Schimpansen von einer Galerie-Seite.

5 Suchfunktion

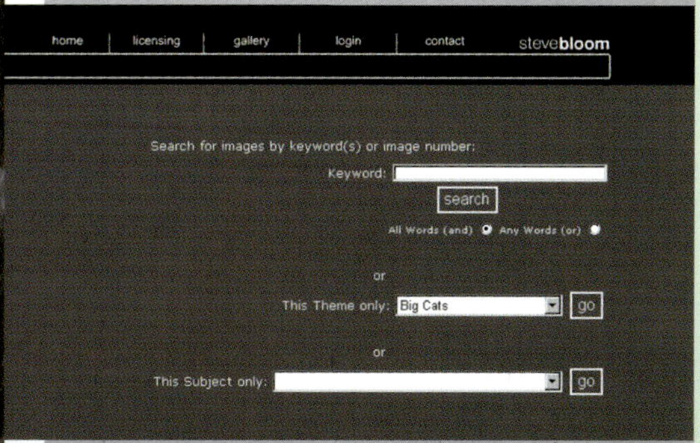

6 Such-Links

7 Galerie-Seite

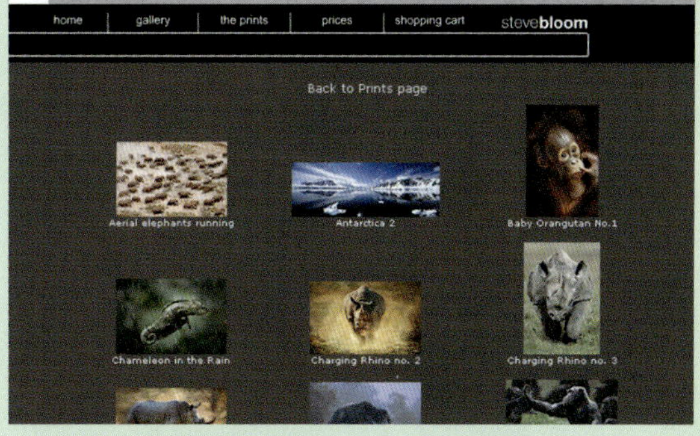

Dieses Beispiel stammt von der Web-Site von Steve Bloom, einem Tierfotografen, der eine große, komplexe Internetpräsenz hat, auf der er seine Arbeit darstellt und vermarktet. Die Site verfügt über eine Suchfunktion ebenso wie über die Möglichkeit, limitierte Kunstdrucke seiner Fotos online zu bestellen.

! Modem – Das Modem wandelt ein digitales Signal zum Senden in ein analoges Signal um. Ein anderes Modem beim Empfänger konvertiert es dann wieder zurück in ein digitales Signal, sodass die Botschaft auf dem Computer dargestellt werden kann. Modems sind relativ langsam – ein typisches Modell für den Hausgebrauch überträgt etwa 56.600 Byte pro Sekunde – und von der Datendurchsatzrate des Telefonanschlusses abhängig.

Bilder per E-Mail

E-Mail ist mittlerweile ein sehr verbreitetes Kommunikationsmittel für den Geschäfts- wie für den Privatgebrauch. Man kann mit einer E-Mail nicht nur Textmitteilungen versenden, sondern auch digitale Dateianhänge. Diese können aus Bildern, Tönen oder sogar Videoclips bestehen. Die meisten E-Mail-Benutzer verwenden ein Modem, um Zugang zu Internet und E-Mail zu erhalten. Da Modems relativ langsam sind, ist es wichtig, den Dateianhang einer E-Mail so klein wie möglich zu halten. Dasselbe Prinzip gilt für Bilder in Web-Seiten, bei denen die Auflösung des Bildes der Auflösung des Computermonitors entspricht – gewöhnlich 72 ppi.

Aufnehmen

Wenn Sie Papierbilder oder Negative speziell für E-Mail scannen, tun Sie dies bei einer Auflösung von 72 ppi und in einer Größe, die der beabsichtigten Verwendung entspricht, beispielsweise 15 cm hoch oder breit. Dies ergibt eine Dateigröße von etwa 25 KB.

Wenn Sie die Bilddatei bereits haben, entweder von einem Scanner oder von einer Kamera, dann werden Sie ihr wahrscheinlich für die E-Mail-Übertragung eine neue Größe geben müssen. Setzen Sie im Dialogfeld «Bildgröße» ihrer Bildverarbeitungssoftware 72 ppi als Auflösung und eine Höhe oder Breite von 15 cm ein. Dies ergibt eine Datei von 376 KB. Speichern Sie das Bild als JPEG mittlerer Qualität, und Sie werden eine Datei erhalten, die nicht größer ist als 30 KB, was bei einem Modem mit 56.600 Byte pro Sekunde etwa 6 Sekunden zur Übertragung braucht [1].

1 JPEG-Optionen

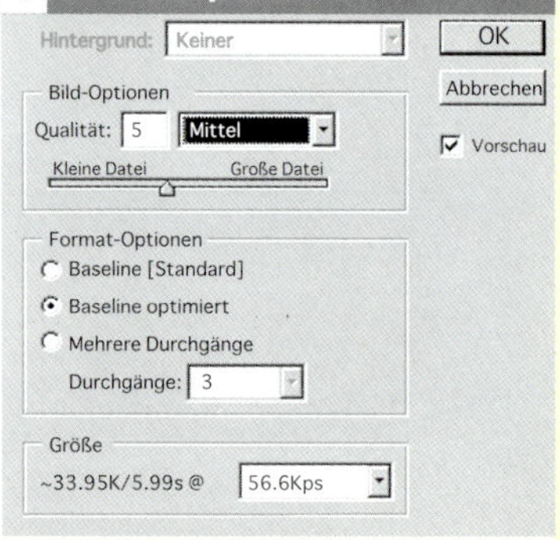

Bearbeiten

Vor dem Versenden eines Bildes reguliere ich Helligkeit, Kontrast und Farbe und wende den Filter «Unscharf maskieren» an, damit das Bild auf dem Bildschirm gut aussieht. Dabei sollten Sie bedenken, dass die Person, die das Bild empfängt, möglicherweise ihren Bildschirm nicht so eingestellt hat wie Sie, sodass das Bild anders aussieht.

Ausgeben

Es gibt mehrere Möglichkeiten, E-Mails zu versenden, dazu gehören spezielle E-Mail-Programme wie Microsoft Outlook und Eudora. Achten Sie darauf, dass einige kostenlose E-Mail-Provider, wie Hotmail von Microsoft, die Größe digitaler Dateianhänge beschränkt haben. In diesem Fall bekam ich via Hotmail von einem Recherche-Mitarbeiter einige Bilder gesendet, die zur möglichen Veröffentlichung in diesem Buch vorgesehen waren. Das Fenster zeigt nicht nur die Namen der Dateien, sondern auch die Bilder. Wegen der Beschränkung der Dateigröße ist nur ein einziges Bild sichtbar, zu den anderen hat man durch weiteres Herunterscrollen auf der Seite Zugriff. Der Absender der E-Mail tippte eine kurze Nachricht in Outlook, klickte dann auf «Einfügen» und wurde aufgefordert, den Speicherort der Dateien des Dateianhanges anzugeben [3].

Je nach verwendeter Software zum Öffnen der E-Mail können die Bilder entweder als Bilder erscheinen oder müssen durch Doppelklick auf ein Symbol geöffnet werden [4].

! Kontaktbögen – Ich sende häufig Artikel zusammen mit Bildern an Magazine. Es empfiehlt sich dabei, einen Kontaktbogen aller Bilder anzufertigen, der als eine einzelne Datei versendet werden kann. Verschiedene Programme beherrschen dies automatisch – ich verwendete die Funktion «Kontaktabzug II» in Photoshop [Datei>automatisieren>Kontaktabzug II] [5]. Die Größe des Kontaktbogens beträgt etwa 1MB, was sich auf 35 KB komprimieren lässt, wenn man ihn als JPEG-Datei abspeichert [6]. Dabei sind die Bilder immer noch so gut, dass ein Redakteur sie sich auf dem Monitor anschauen kann.

2 E-Mail mit Bildern im Dateianhang

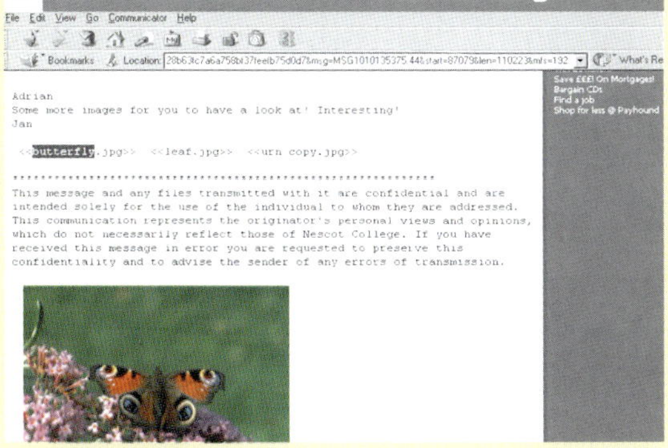

3 Datei einfügen

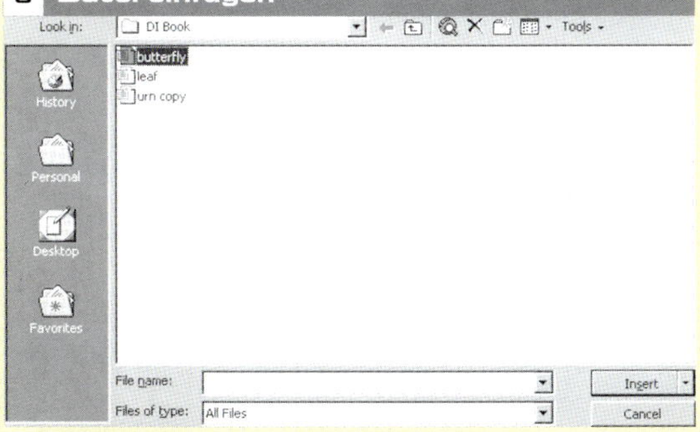

4 E-Mail mit Dateianhang

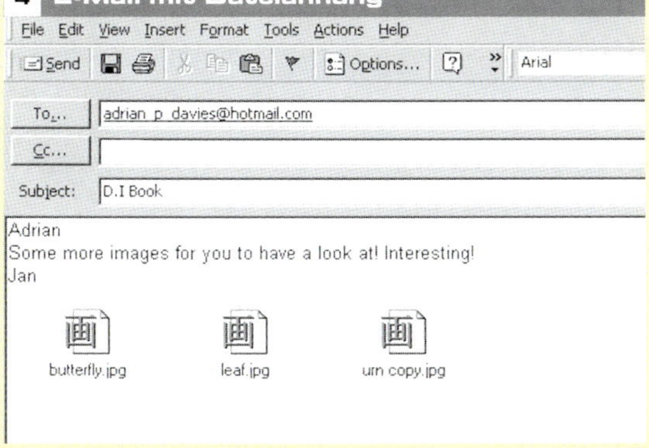

1/ Dialogfeld «JPEG-Optionen» mit Endgröße des Bildes und Übertragungsdauer.

2/ E-Mail mit angehängter Bilddatei, empfangen über Hotmail.

3/ Von Outlook nach «Einfügen» geforderte Angabe des Speicherortes der zu versendenden Datei.

4/ Die zum Versenden fertige E-Mail mit drei Dateianhängen.

5/ Die Funktion «Kontaktabzug» in Photoshop fügt Bilder zu Kontaktbögen zusammen und versieht sie mit Dateinamen. Dies ist auch eine nützliche Methode, um ein visuelles Verzeichnis von Foto-CDs zu erstellen.

6/ Ein fertiger Kontaktabzug.

5 Kontaktabzug

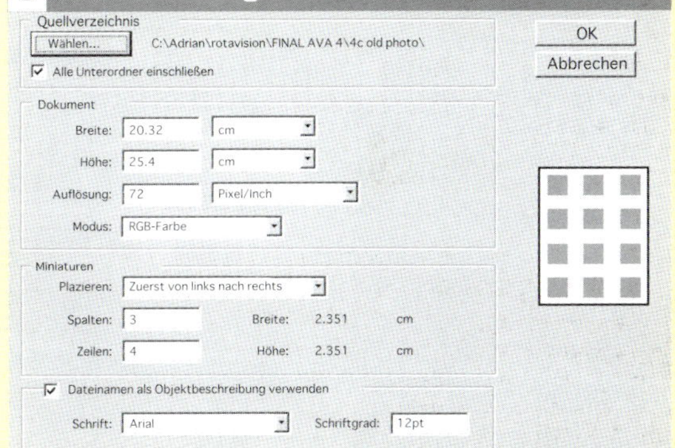

6 Fertiger Kontaktabzug

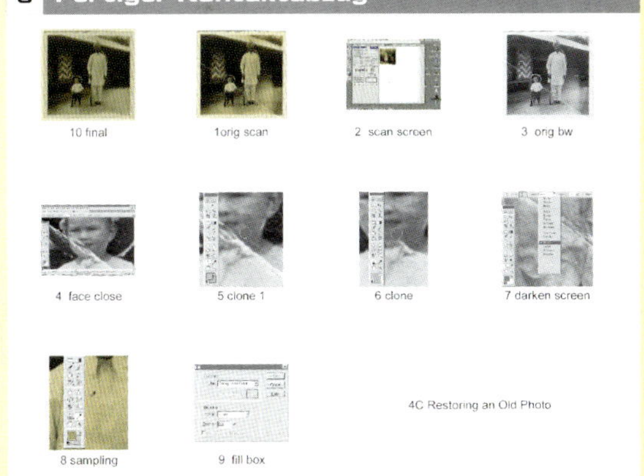

Anhang

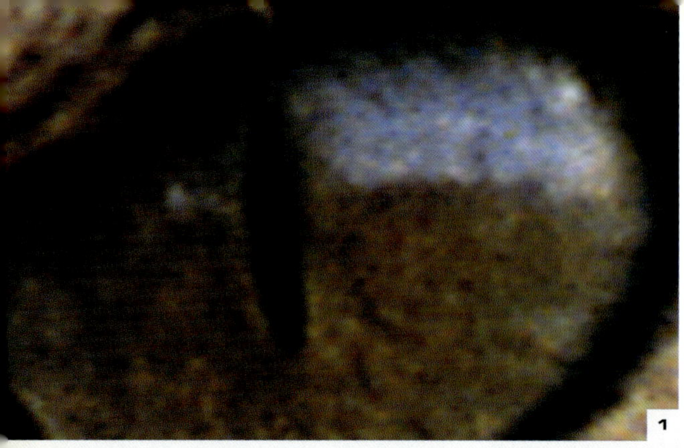

1

Dateiformate, Kompression, Computer

Ein Dateiformat ist die Art und Weise, mit der Computerdaten gespeichert werden. Ein Dokument, das von einem Textverarbeitungsprogramm erstellt wurde, kann eine Textdatei sein, viele digitale Bilder sind TIFF-Dateien. Auf dem PC können Sie nach dem Dateinamen eine Erweiterung aus drei Buchstaben sehen: .txt oder .tif zum Beispiel.

TIFF

Dies ist das gebräuchlichste Dateiformat für Bilder, das von allen wichtigen Bildverarbeitungsprogrammen, aber auch von anderer Software, beispielsweise Präsentationsprogrammen wie PowerPoint, erkannt wird. Bilder können mit LZW oder anderen Kompressionsformaten komprimiert werden, ohne dass sie dabei an Qualität verlieren. Gewöhnlich verringert sich die Größe der Datei dabei um 30 bis 50 Prozent, je nach dem Inhalt des Bildes. Dabei ist jedoch zu beachten, dass komprimierte TIFF-Bilder von einigen Softwareprogrammen nicht erkannt werden. Wenn Sie nicht ausschließlich mit einem Macintosh arbeiten, sollten Sie immer das PC-Format wählen [2].

JPEG

Dies ist ein Kompressionsformat, das nicht verlustfrei arbeitet. Es reduziert die Größe der gespeicherten Datei, indem es einige Daten während des Speicherns auslässt. Je kleiner die Dateigröße, desto geringer die Qualität. Die Hauptfrage dabei ist: Kann man den Qualitätsverlust sehen?

JPEG ist ein ausgezeichnetes Format zur Reduktion der Größe von Bilddateien für Web-Seiten oder als Anhang für E-Mails. Bilder für Web-Seiten sollten grundsätzlich nicht größer als 20 bis 25 KB sein [3].

Bildkompression

Da digitale Bilder häufig sehr groß sind [nicht selten mehrere Megabyte], empfiehlt es sich, sie zu komprimieren, um Speicherplatz zu sparen. Es gibt grundsätzlich zwei Arten, Bilder zu komprimieren: mit oder ohne Qualitätsverlust. Ein Beispiel für eine Komprimierung mit Qualitätsverlust ist das JPEG-Format, das während der Komprimierung Daten beseitigt. Mit diesem Format kann man sehr hohe Kompressionsraten erreichen und etwa eine 4 MB große Datei auf 100 KB oder weniger abspeichern. Komprimieren Sie niemals eine bereits komprimierte JPEG-Datei, denn der Effekt ist kumulativ, und die Qualität wird darunter leiden.

Eine verlustfreie Komprimierung wie TIFF/LZW erhält sämtliche Daten und daher auch die Qualität, hat jedoch nur eine Kompressionsrate von etwa 50 Prozent.

2 TIFF-Optionen

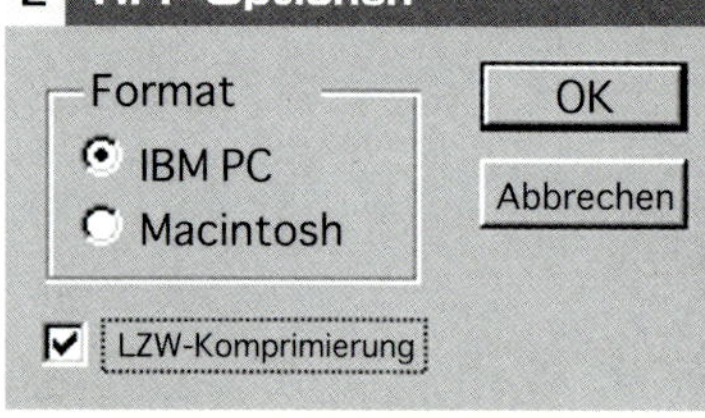

3 JPEG-Optionen

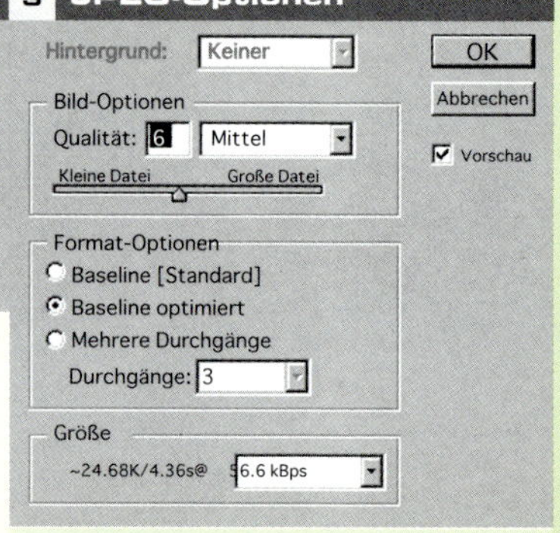

1/ Das gescannte Bild – 200 KB.

2/ Das Dialogfeld «TIFF-Optionen» in Adobe Photoshop – Beachten Sie die Option für PC oder Macintosh und die Möglichkeit, das Bild in dem verlustfreien LZW-Format zu komprimieren.

3/ Das Dialogfeld «JPEG-Optionen» verfügt über einen Regler für Qualität und Bildgröße. Achten Sie auf die Größe der gespeicherten Dateien [24 KB] sowie die ungefähre Übertragungszeit [4,3 s] mit einem 56,6-kBps-Modem.

4/ Das Bild, mit JPEG komprimiert – die blockartigen Artefakte wurden zur Verdeutlichung vergrößert.

! Pixel pro Inch [ppi] oder Bildpunkte pro Inch [dpi] – Bilder, die mit Digitalkameras oder Scannern hergestellt wurden, enthalten Pixel. Ihre Auflösung wird also in Pixel pro Inch [ppi] angegeben. Die meisten Drucker bringen eine Reihe von Punkten aufs Papier, deren Kombination die Pixel-Form des Bildes ergibt, also gibt man ihre Auflösung in Punkten [dots] pro Inch [dpi] an.

Zwei Pflanzenbilder von Adrian Davies, fotografiert auf einer 3-Megapixel-Spiegelreflex-Digitalkamera mit einem Tele-Objektiv kurzer Brennweite.

Speichern

Ihr Computer verfügt wahrscheinlich über einen sehr großen Festplattenspeicher von mehreren Gigabyte. Dennoch ist es wichtig, dass Sie eine Kopie oder ein Backup Ihrer Daten anlegen für den Fall, dass die Festplatte einmal versagt oder Dateifehler auftreten. Zum Speichern digitaler Bilder gibt es die verschiedensten Medien, von denen das gebräuchlichste die CD ist. CDs können bis zu 650 MB Daten speichern und kosten nicht mehr viel. Die Daten auf einer gewöhnlichen beschreibbaren CD werden dauerhaft gespeichert und können nicht verändert werden, doch es gibt auch wiederbeschreibbare CDs: CD RW. Dieses Format ist jedoch nicht mit allen CD-Laufwerken kompatibel.

Andere Speichermöglichkeiten sind beispielsweise Wechselplattenlaufwerke wie die 100 und 250 MB großen Zip-Laufwerke und 1-Gigabyte-Jaz-Laufwerke. Diese verwenden magnetische Disketten, die jedoch relativ empfindlich für Magnetfelder und dergleichen sind.

Auflösung

Die Auflösung eines Bildes ist definiert durch die Menge der Details, die es enthalten kann. Die Anzahl der Pixel ist normalerweise der entscheidende Faktor, jedoch nicht allein. Ein Bild einer 3-Megapixel-Kamera kann größer abgebildet werden als das einer 2-Megapixel-Kamera, bevor die Pixel sichtbar werden. Ebenso kann ein Negativ, das mit 600 ppi gescannt wurde, stärker vergrößert werden als ein mit 300 ppi gescanntes Negativ.

Letztlich ist es jedoch die Auflösung des Druckers, der die Qualität des Ausdrucks bestimmt. Moderne Tintenstrahldrucker verfügen über eine Auflösung von 720, 1440 oder sogar 2880 dpi.

Tintenstrahldrucker sprühen ein Muster winziger Tintentropfen auf das Papier. Die meisten Tintenstrahldrucker verwenden vier Farben – Cyan, Magenta, Gelb und Schwarz –, um Bilder zu reproduzieren, doch viele Fotodrucker verfügen über zwei weitere Farben, Hell-Cyan und Hell-Magenta.

Die Art und Weise, wie ein Drucker die Farben und Farbtöne jedes einzelnen Pixels reproduziert, ist ein sehr komplexer Prozess. Vereinfacht gesagt, muss der Drucker vier [oder sechs] Farbpunkte ausgeben, um ein Pixel darzustellen, wobei viele Drucker verschiedene Größen von Farbpunkten ausgeben können. Eine einfache Regel, um die tatsächliche Auflösung eines Druckers mit 720 dpi herauszufinden, besteht darin, die 720 durch 4 zu teilen, was eine Auflösung von 180 Pixel pro Inch ergibt. Die tatsächliche Auflösung hängt von vielen anderen Faktoren ab, wie der Papierqualität und der Art und Weise, wie die Muster der Punkte geordnet sind. Es lohnt sich, den eigenen Drucker zu testen, doch ein Drucker mit 720 dpi wird wahrscheinlich nicht über eine Auflösung von 200 bis 220 ppi hinauskommen.

Die Papierqualität ist extrem wichtig. Speziell beschichtetes Tintenstrahl-Druckerpapier ist für die beste Ausgabequalität unerlässlich. Für künstlerische Effekte können auch andere Papiere verwendet werden.

Eine andere nützliche Regel, um die Größe von digitalen Bildern zu bestimmen, besteht darin, die Anzahl der Pixel im Bild durch 300 zu teilen. Das Ergebnis ist die maximale Größe des Drucks in Inch [2,54 cm].

Ein Bild mit einer Auflösung von 1.200 x 1.000 Pixel kann bis zu der Größe von vier mal drei Inch [ca. 10 x 7,5 cm] gedruckt werden. Dies ist eine vorsichtige Schätzung, und in den meisten Fällen kann man auch mit wenig oder gar keinem Qualitätsverlust einen größeren Ausdruck erzielen.

Ein Schmetterling, eingefangen mit der Kamera von Adrian Davies.

Computer

Zur digitalen Bildverarbeitung gibt es grundsätzlich zwei Computersysteme: IBM-kompatible [PC] und Apple-Macintosh-Computer. Sie arbeiten mit verschiedenen Betriebssystemen, und die Software steht möglicherweise nur für eines der Systeme zur Verfügung. Welches der beiden Systeme Sie verwenden, hängt von Ihren persönlichen Vorlieben ab und ob Sie Ihren Computer auch für andere Dinge benutzen wollen.

Die wichtigsten Voraussetzungen zur digitalen Bildverarbeitung sind:

Arbeitsspeicher – ein großer Arbeitsspeicher [RAM] mit dem absoluten Minimum von 64 MB, besser 128 MB oder mehr.

Monitor – ein guter Monitor besserer Qualität, der vor allem scharf sein muss.

Weiteres Zubehör:

CD-Brenner

Grafiktablett – ein Gerät, das die Maus durch einen Griffel oder Stift ersetzt, den manche leichter zu benutzen finden als eine Maus.

Software

Für Anfänger der digitalen Bildverarbeitung stehen mehrere Programme zur Verfügung. Dazu gehören:

Adobe Photoshop teuer, aber Industriestandard.

Adobe Elements eine weitaus preiswertere abgespeckte Version von Photoshop.

MGI PhotoSuite

PaintShop Pro

Einige dieser Programme, wie PhotoSuite, verfügen über zwei Bearbeitungsmodi: die für Anfänger sehr hilfreichen Assistenten, die Sie Schritt für Schritt zu bestimmten Aktionen auffordern, oder den Modus für Fortgeschrittene.

Tipps für die Praxis

1. Bearbeiten Sie niemals das Originalbild.

2. Machen Sie eine Kopie Ihres Bildes, bevor Sie anfangen, es zu bearbeiten.

3. Bewahren Sie die Datei, wie sie von der Kamera oder dem Scanner kam, als Archivkopie auf. Möglicherweise müssen Sie zu einem späteren Zeitpunkt noch einmal auf das Original zurückgreifen, um es neu zu bearbeiten.

4. Verwenden Sie Bearbeitungsebenen, um Änderungen wie an Helligkeit und Kontrast vorzunehmen, sodass Sie die Änderungen später wieder zurücknehmen können.

5. Stellen Sie mehrere Versionen eines Bildes her:

– die Archivversion

– ein bearbeitetes Bild

– das Bild im Format zum Ausdruck

– das Bild im Format für eine Web-Seite oder als E-Mail-Anhang

Ein einfaches Blumenbild von Sonya Cullimore, mithilfe digitaler Techniken zum Leben erweckt.

Glossar

Dieses knappe Glossar möchte Ihnen helfen, Ihren Weg durch die Ausdrücke und technischen Fachbegriffe zu finden, die in der digitalen Fotografie verwendet werden.

Aliasing
Tritt immer dann auf, wenn Kurven oder diagonale Linien aufgrund der Bitmap-Darstellung der Bildverarbeitungssoftware mit Zacken in den Kanten erscheinen.

Analog
Ein kontinuierlich variables Signal. Fotografie auf Film ist ein analoger Prozess.

Auflösung
Die Qualität eines Bildes, die in erster Linie, aber nicht ausschließlich von der Anzahl der Pixel abhängig ist, die es enthält.

Bit-Tiefe
Die Anzahl der Farben oder Graustufen, die verwendet werden, um ein digitales Bild auf dem Monitor darzustellen, zum Beispiel:
8 Bit = 256 Farben/Töne
24 Bit = 16,7 Millionen Farben/Töne.

Brennweite
Bestimmt den Bildwinkel eines Objektivs. Je kürzer die Brennweite, desto größer der Bildwinkel und umgekehrt.

Byte
Standardeinheit für Computerspeicher. Ein Byte besteht aus acht Bits.
1 Kilobyte [KB] = 1.024 Bytes
1 Megabyte [MB] = 1.024 KB
1 Gigabyte [GByte] = 1.024 MB

CCD
Charge Coupled Device – ladungsgekoppelte [Halbleiter-] Einrichtung – der zentrale Bildsensor zum Aufnehmen der Pixel, der in Scannern und Digitalkameras verwendet wird. Es gibt zwei Typen von CCDs: rechteckige Anordnung [in den meisten digitalen Kameras] und lineare Anordnung [in Scannern].

CD-ROM
Compactdisc, Read Only Memory [Nur-Lesen-Speicher] – eine CD, die nur gelesen werden kann.

CD-R
Compactdisc, Recordable [aufnehmbar] – eine vom Nutzer beschreibbare CD, auf der etwa 650 MB Daten gespeichert werden können. Wird ausgiebig zum Archivieren und Speichern von Bildern verwendet.

CD-RW
Compactdisc, Re-Writable [wiederbeschreibbar] – eine beschreibbare CD, die wieder gelöscht und neu beschrieben werden kann.

CMOS
Ein alternativer Bildsensor, der in einigen Digitalkameras verwendet wird.

CMYK
Cyan, Magenta, Gelb und Schwarz – die vier Farben, die beim lithografischen Vierfarbdruck und von Tintenstrahldruckern verwendet werden.

Compact Flash
Eine Art von Kartenspeichersystem, das in Digitalkameras Verwendung findet.

Dateiformat
Das Format, in dem eine Datei gespeichert wird, zum Beispiel TIFF, JPEG oder BMP.

Digital
Abtastung eines analogen Signals, um es in eine Serie diskreter Werte zu konvertieren, die von einem Computer erkannt werden können. Ein Scanner konvertiert analoge Bilder in digitale Information.

Dots per Inch [dpi]
Einheit für die Auflösung eines Druckers.

Ebenen
Funktion von Programmen wie Adobe Elements, Photoshop oder PaintShop Pro, um die Dichte eines Bildes zu regeln.

Farbton
Name einer Farbe, zum Beispiel Rot oder Magenta.

Filter
1. Ein Objektivvorsatz aus Glas oder Plastik, der das einfallende Licht verändert, zum Beispiel Pol-Filter oder Skylight-Filter.
2. Option eines Bildverarbeitungsprogramms zur Verbesserung oder Veränderung digitaler Bilder, zum Beispiel Scharfzeichnungs-Filter oder Beleuchtungseffekte.

Flash Memory
Computerspeicher, der Daten auch nach dem Abschalten des Stroms im «Gedächtnis» behält.

GIF
Dateiformat mit 8 Bit Farbtiefe [256 Farben], für Bilder auf Web-Sites.

Graustufen
Spektrum von Grautönen [gewöhnlich 8 Bit pro Pixel] eines Bildes zwischen Schwarz und Weiß.

JPEG
Format der Dateien-Komprimierung, das die Größe gespeicherter Partien durch Beseitigung «redundanter» Daten verringern kann. Benannt nach der Joint Photographic Experts Group.

Kompression
Reduktion der Größe einer gespeicherten Datei durch Reduktion der Informationsmenge, die gespeichert werden muss. Es gibt zwei Arten von Kompression: mit Verlust [JPEG] oder verlustfrei [LZW-Option des TIFF-Formats].

Makro
Objektiv mit der Fähigkeit, einen kleinen Gegenstand in geringer Entfernung scharf zu stellen.

Megapixel
1 Million Pixel – die Auflösung der meisten digitalen Kameras wird in Megapixel angegeben. Gängig sind 2, 3 oder 4 Megapixel.

Memory Stick
Speicherkarte für Sony-Digitalkameras.

MicroDrive
Eine Miniaturfestplatte, von IBM entwickelt, zum Gebrauch in besseren Digitalkameras. Die Speicherkapazität beträgt bis zu 1 Gigabyte.

Miniatur
Kleine Version eines Bildes, zur Verwendung in Kontaktabzügen oder zur Vorschau auf Web-Seiten.

Neuberechnung
Fähigkeit einer Software, neue Bildpunkte zu erzeugen, um die tatsächliche Auflösung eines digitalen Bildes zu erhöhen.

Pixel
Abkürzung für «Picture Element» [Bildelement] – das kleinste Element eines digitalen Bildes. CCDs bestehen aus vielen Tausenden oder Millionen von Pixeln, von denen jedes einzelne lichtempfindlich ist. Proportional zur Menge des einfallenden Lichtes wird, wie bei einem Belichtungsmesser, ein geringer Strom erzeugt.

Pixel pro Inch [ppi]
Maßeinheit für die Scannerauflösung.

RAM
Random Access Memory [Direktzugriffsspeicher] – Temporärer Speicher, der vom Computer verwendet wird, solange er eingeschaltet ist. Alle Daten in diesem Speicher gehen verloren, sobald der Computer ausgeschaltet wird.

RGB
Rot, Grün, Blau – die drei Primärfarben des Lichts.

Sättigung
Stärke oder Reinheit einer Farbe.

SmartMedia
Ein Speicherkartentyp zur Verwendung in Digitalkameras.

TIFF
Tagged Image File Format [markiertes Biddateiformat] – dient der verlustfreien Komprimierung von Bilddaten.

Tintenstrahldrucker
Computerdrucker mit Fotoqualität.

TWAIN
Schnittstelle für viele Scanner und digitale Kameras.

Unschärfemaske [USM]
Der wirksamste Scharfzeichnungs-Filter, der den jeweiligen Erfordernissen des Bildes angepasst werden kann.

USB
Universal Serial Bus [universeller serieller Bus] – eine Verbindung des Computers mit Zusatzgeräten wie Scanner oder Drucker.

Weiche Kante
Weichzeichnung des Randes einer Auswahl in einem Bildverarbeitungsprogramm.

Zip-Diskette
Eine Art auswechselbare Festplatte. Gegenwärtig gibt es zwei Typen, die entweder 100 oder 250 MB speichern können.

Kontakte

Barry Beckham

Barry Beckham lebt in Hornchurch in East London. Seit vielen Jahren ist er begeisterter Fotograf. Seine ersten Erfahrungen machte er in einem örtlichen Fotoklub. Schon bald entwickelte und vergrößerte er seine eigenen Fotos und nahm an zahlreichen Wettbewerben und Ausstellungen von Schwarzweiß- und Farbfotografien teil.

Vor einigen Jahren stellte ihm ein Freund Adobe Photoshop 2.5 vor. Dies war für ihn der Anfang der digitalen Fotografie.

Mittlerweile arbeitet Barry ausschließlich digital und schreibt regelmäßig Beiträge für die Zeitschriften Digital Photo FX [jetzt Digital Photo], Digital Photography, Digital Photographer und Digital Photo User.

Auf seiner Web-Site finden sich mehrere Photoshop-Lehrgänge, die in den vergangenen Jahren in englischen Magazinen erschienen sind. Für Benutzer mit einem langsamen Internet-Zugang bietet er für einen geringen Preis die gesamte Web-Site auf CD an, mit der sich die Lehrgänge auch ohne Internet-Verbindung durchführen lassen.

www.bbdigital.co.uk

Seiten: Umschlag, 53, 66–67, 112–113

Steve Bloom

Steve Bloom ist ein Künstler mit der Kamera, der stimmungsvolle Naturimpressionen auf seine eigene kreative Weise bearbeitet. Das Magazin Professional Photographer beschreibt ihn als einen «Fotografen an der Spitze, der seiner Zeit weit voraus ist». Steve wurde in Südafrika geboren und zog in den späten Siebzigerjahren nach London, wo er eine Firma für Spezialeffekte in der Fotografie gründete.

1993 begann er wilde Tiere zu fotografieren und startete eine neue Karriere als Tierfotograf. Er erhielt mehrere Preise, seine Fotos werden weltweit veröffentlicht. Er ist Autor und Fotograf des Buches «In Praise of Primates» [«Zum Lob der Primaten»], das in zehn Sprachen erschienen ist und zwei Jahre seiner Arbeit beschreibt, in denen er Affen und Primaten in der ganzen Welt fotografiert hat.

www.stevebloom.com

Seiten 72–73, 98–99, 109

Jon Bower

Jon Bower ist Umweltwissenschaftler. Seine Arbeit bringt ihn häufig in alle Welt, was seiner zweiten Karriere als professioneller Fotograf sehr zugute kommt. Jon hat viele Jahre in Asien gelebt und gearbeitet und fotografiert seit über 20 Jahren in aller Welt seltsame, wundervolle, aber auch Grauen erregende Orte. Jons weitere Leidenschaft liegt darin, seine Frau glücklich zu machen. Er liebt teure Stereoanlagen, klassische Musik, Sciencefiction und sehr dunkle Schokolade. Jons Bilder-Web-Site findet sich unter www.apexphotos.com, und viele seiner globalen Umwelt- und Reise-Fotografien kann man auf der Web-Site www.alamy.com erwerben.

www. apexphotos.com
John.bower@virgin.net

Seiten 22–23, 24, 93

Sonya Cullimore

Die autodidaktische Fotografin lebt in ihrem Geburtsort Timaru in Neuseeland. Sonya Cullimore begann im Alter von 27 Jahren zu fotografieren, und aus dem einstigen Hobby wurde schnell eine Leidenschaft.

Die Fotografie dreht sich für Sonya um das Sehen und die Wahrnehmung von Bildern durch das geistige Auge sowie deren Darstellung auf eine Weise, die die Realität infrage stellt. Sie lässt sich von Farben inspirieren, gleich ob sie hell und kontrastreich oder harmonisch und subtil sind.

Zwei Jahre nachdem Sonya erstmals eine Kamera zur Hand genommen hatte, hatte sie bereits über 25 internationale fotografische Auszeichnungen erhalten, die sie ermunterten, ihre Arbeiten auch in Zukunft öffentlich auszustellen.

http://go.to/digitalvisions
omzig@es.co.nz

Seiten 61, 62, 120–121

Adrian Davies

Adrian Davies hat mehrere Bücher und über 100 Artikel über verschiedene Aspekte der digitalen Fotografie verfasst. Er lehrt Fotografie und digitale Bildverarbeitung am Nescott College in Epsom, Surrey, UK, wo er verschiedene Kurse in digitaler Fotografie entwickelt hat. Darüber hinaus arbeitet er als Berater für verschiedene Firmen und Institutionen.

Sein bildnerisches Hauptinteresse liegt in der Darstellung des Tierlebens sowie naturhistorischer Motive, die er seit einiger Zeit mit Digitalkameras aufnimmt. Seine Arbeiten werden von mehreren Bildagenturen vertreten, einschließlich der BBC Natural History Unit in England und Bruce Coleman in den USA.

adrian_p_davies@hotmail.com

Seiten 19, 28, 37, 38, 41, 47, 48, 96-97, 100-101, 106, 107, 110, 116, 117, 118

Luzette Donohue

Nachdem Luzette Donohue acht Jahre lang als Berufsfotografin gearbeitet hatte, begann sie sich mit der Welt der digitalen Bildverarbeitung auseinander zu setzen und arbeitet nun als freiberufliche Illustratorin, die traditionelle und elektronische Medien kombiniert. Ihre Illustrationen sind in Büchern und Magazinen als Beispiele für das kreative Potenzial von Adobe Photoshop erschienen. Sie lehrt digitale Bildverarbeitung und Fotografie und präsentiert regelmäßig praktische Workshops über diese Themen für Gruppen wie die Royal Photographic Society.

www.luzette.com
illustration@luzette.com

Seiten 52, 68, 69, 71

Rod Edwards

Rod Edwards ist ein renommierter professioneller Fotograf, der im Verlagswesen, in der Werbung, im Design sowie für Firmen in der Fotoindustrie und zahlreiche große Blue-Chip-Unternehmen gearbeitet hat.

Rod verfügt über reiche Erfahrung in der herkömmlichen Farb- und Schwarzweißfotografie, doch wendet er sich mehr und mehr dem digitalen Medium und der digitalen Bildverarbeitung zu.

Er vermarktet seine Bilder sowohl an seinem Wohnort in East Anglia, UK als auch über internationale Fotoagenturen wie Getty Images, The Telegraph Colour Library, Photonica und The National Trust Photographic Library. Er ist Mitglied der Association of Photographers in London.

www.rodedwards.co.uk
rje@rodedwards.co.uk

Seiten 26–27, 44–45, 64–65, 76–77, 81

Ray Grover

Ray ist Manager für Forschung und Entwicklung in der Elektronikindustrie. Seit 1995 ist er ein sehr umtriebiger Fotoamateur. Er ist Mitglied des South Manchester Camera Club und hat ein breites fotografisches Interesse. Seine erste Liebe galt der Landschaftsfotografie, doch entwickelte er an kalten dunklen Abenden, an denen er nicht im Freien arbeiten konnte, ein Interesse an Stillleben und kreativen Arbeiten. 1998 erhielt er für seine kreativen Blumenbilder den Status des Lizenziaten und Associate der Royal Photographic Society verliehen. Er hat zahlreiche Preise gewonnen, der bedeutendste davon ist der des Amateur Photographer of the Year 2000. In jenem Jahr begann er auch, digitale Techniken einzusetzen, um seine bildnerischen Möglichkeiten zu erweitern. In jüngster Zeit hat sich sein Interesse an der Naturgeschichte noch verstärkt.

rgrover@mighty-micro.co.uk

Seite 89

Daniel Lai

Daniel Lai wurde 1971 in Kuala Lumpur, Malaysia geboren. Seit 1999 lebt er in New Jersey, USA.

Neben seiner Karriere als künstlerischer Fotograf studierte er an der Montclair State University, New Jersey Fotografie. Als freiberuflicher Künstler Autodidakt, begann er vor drei Jahren mit seiner professionellen Laufbahn. Seine Bilder sind auf seiner Web-Site veröffentlicht, in einigen Foto-Magazinen, Online-Foto-Workshops und Ausstellungen. Ebenso sind seine Bilder in privaten und gemeinnützigen Ausstellungen, städtischen Galerien und privaten Sammlungen zu finden.

www.danielart.com
danielart@danielart.com

Seiten 91, 95

George Mallis

Inspiriert durch die Schönheit der Küstenlandschaft von Long Island, New York und durch die großartige Schönheit der Schöpfung porträtiert George Mallis in seinen Bildern Orte mit ungewöhnlicher Perspektive, um das Gefühl für Harmonie und Liebe in einer Welt voller Freude und rätselhaftem Leid zu fördern. George ist Absolvent der New York University und der Hofstra University mit einem Master of Science in Erwachsenenbildung. George ist der offizielle Fotograf des Geburtsortes von Walt Whitman. Seine Bilder zieren die privaten Sammlungen des früheren Präsidenten Gerald R. Ford und der New York State Parks Commissioner Bernadette Castro.

www.georgemallis.com
gmallis@optonline.net

Seiten 4–5, 75

Bryan Powell

Bryan Powell war Anfang 30, als er seine Begeisterung für die Fotografie entwickelte. 1985 machte er aus seiner Leidenschaft einen Beruf, gab seinen Job bei der Londoner Feuerwehr auf und gründete sein eigenes Fotostudio.

1992 begann er seinen Betrieb von Film auf Digitaltechnik umzustellen, nachdem er eine Ausbildung in digitaler Fotografie am Nescott College in Epsom, Surrey, UK absolviert hatte.

Sein neues Studio ist zwar auf digitale Fotografie spezialisiert, doch gibt er zu, dass er noch immer seine Lieblingsbilder von Tieren und Blumen auf Zelluloid fotografiert.

Bryan Powell ist in zahlreichen Gremien fotografischer Vereinigungen in Großbritannien tätig und hält Vorträge über digitale Techniken.

b.powell@netmatters.co.uk

Seiten 6–7

Phil Preston

Phil Preston lebt in Buckinghamshire, UK und fotografiert seit etwa 30 Jahren. Überwiegend Autodidakt, liegt sein Hauptinteresse auf Landschaft, Natur, Architektur und abstrakter Fotografie.

Die meisten von Phil Prestons Fotos werden zwar nach wie vor mit herkömmlichen Kameras erstellt, doch ist die digitale Bildverarbeitung ein wichtiger Teil seiner Fotografie geworden. Er sieht eine Zeit kommen, in der die Fotografie in Gänze digital sein wird. Mehrere seiner Bilder sind in britischen Foto-Magazinen erschienen, darunter Digital Photo User, What Digital Camera und Digital Photo. Seine persönliche Web-Site gewann mehrere Preise fotografischer Organisationen wie Professional Photography und Profotos.com. Er befasst sich gegenwärtig mit der Entwicklung interaktiver Lernprogramme für PhotoImpact auf seiner Web-Site.

www.digital-fotofusion.co.uk
phil.preston@digital-fotofusion.co.uk

Seiten 15, 25, 78

Walter Spaeth

1972, im Alter von 20 Jahren, entdeckte Walter Spaeth in der Schwarzweiß-Dunkelkammer eines Freundes die kreativen und technischen Möglichkeiten der Fotografie. Die fotografische Technik damals war weitaus weniger komplex als heute, und die Konzentration auf die grundlegenden Techniken der Fotografie und die Prinzipien der Komposition über mehrere Jahre hinweg haben sich als gute Basis für seine weitere Arbeit erwiesen.

Mitte der Neunzigerjahre erschienen Computer auf der Fotoszene und erlaubten erstmals die Bearbeitung von Bildern, was Walter Spaeth mit großer Faszination und Erfolg aufnahm. Zwischen 1990 und 2002 erntete er mehr als 30 Preise, einschließlich des «Take Care»-Preises der Deja GmbH, den er im Rahmen einer Festveranstaltung auf der Photokina 2000 in Köln für seine hervorragende Arbeit «World Protect I» verliehen bekam. In dieser Arbeit kreierte Walter Spaeth komplette visuelle Welten, die Licht, Farbe und Form in immer wieder neuen faszinierenden Kompositionen kombinieren.

www.artside.de
mailto@artside.de

Seiten 10–11, 57, 83, 85

John Wigley

Die Fotografie war schon immer John Wigleys Hauptinteresse, seit dem Tag, an dem er seine erste «echte» Kamera erwarb, eine Agfa Isolette 2 Balgenkamera. Doch erst 1982 begann er sich ernsthaft mit der Fotografie auseinander zu setzen. Er stellte seine erste Dunkelkammer zusammen und begann in Schwarzweiß, Cibachrome und Farbbildern zu arbeiten. Johns Interesse an der digitalen Bildverarbeitung begann 1992, als die Firma, für die er arbeitete, ihren Betrieb auf IT umstellte, die Dunkelkammer abschaffte und stattdessen ein Computer-Studio installierte. 1999 gründete er zusammen mit 16 anderen begeisterten Fotografen die Southern Digital Imaging Group in Südengland. John hat eine Neigung zur künstlerischen Anwendung der digitalen Bildverarbeitung und besitzt eine Vorliebe für Nahaufnahmen, Landschaften und «kreative» Fotografie.

john.wigley@ntlworld.com

Seiten 42, 49, 58

Danksagungen

Mein besonderer Dank gilt der Adobe UK, Ltd., JASC Software und der MGI Software Corp für die Bereitstellung der Programme, die in diesem Buch verwendet werden. Ebenso allen Fotografen, die ihre Bilder für dieses Projekt zur Verfügung stellten. Schade, dass wir nicht genügend Platz hatten, um sie alle vorzustellen! Schließlich danke ich Kate Stephens und ihrem Team, besonders der Lektorin Natalia Price-Cabrera, sowie den Bildrechercheuren Sarah Hope und Sarah Jameson für ihre Hilfe bei der Zusammenstellung dieses Buches.